いつ訪れても美しい自然が広がるハワイ。
透き通るような青い海、色とりどりに咲き誇る花、心地いいそよ風。
その魅力に惹かれ、毎年たくさんの日本人が旅先に選ぶ楽園。

そんなハワイ好きの
日本人による、日本人のためのランキング

111-HAWAI'I
Award

2万5000票を超える投票から選ばれた
Best of Hawaiiを紹介します。

あなたが選ぶ「ハワイの良いもの、良いこと」

Contents

111 HAWAII AWARDとは　4

スペシャルインタビュー
「111-HAWAII AWARD」　10
公認アンバサダーMayaさん

本書の使い方　14

MAP　82

INDEX　90

ハワイアンフード 15
- パンケーキ 16
- オムレツ・エッグベネディクト 17
- アサイボウル 18
- マラサダ 19
- シェイブアイス 20
- スパムむすび 21
- ガーリックシュリンプ 22
- ロコモコ 23
- ポケ 24
- サイミン 25
- プレートランチ 26

ハワインアングッズ 27
- クッキー・チョコレート 28
- コーヒーブランド 29
- アロハシャツ 30
- ウクレレ 31

ダイニング 35
- ステーキレストラン 36
- シーフードレストラン 37
- ベストビューレストラン 38
- パシフィックリム料理 39
- サンデーブランチ・ビュッフェ 40
- フランス料理 41
- イタリア料理 42
- 中華料理 44
- 韓国料理 45
- ベトナム料理 46
- タイ料理 47
- メキシコ料理 48
- バーラウンジ・クラブ 49
- 日本料理 50
- 寿司 51
- 鍋料理 52
- ラーメン・うどん・そば 53
- カフェ 54
- パン・スイーツ 55
- ハンバーガーショップ 56

美容・ファッション 59
- スパ・エステ 60
- ネイルサロン 61
- ヘアサロン 62
- コスメショップ 63
- 洋服・水着ショップ 64
- 靴・サンダルショップ 65
- ジュエリーショップ 66
- スポーツ・サーフショップ 67
- お土産・雑貨店 68
- スーパー・コンビニ 69

アクティビティー 73
- 英会話学校 74
- ゴルフ場 75
- ビーチ 76
- トレッキング 77
- オプショナルツアー 78

111-HAWAII AWARDとは

多くのランキング・アワードがあるハワイ。
もし「日本人によるハワイ・ランキング」があれば、
それはハワイの日本人市場への満足度を高めるだけでなく、
ハワイ企業の品質向上、ハワイ経済の活性化につながると私たちは考えました。

111-HAWAII AWARD（ワン・ワン・ワン ハワイ アワード）はハワイのグルメ、
お土産、ツアーなど、50カテゴリーから、
全てのハワイファンによるオンライン投票で、
それぞれのランキングを決定するハワイ州観光局公認プログラムです。

|||||||||| 意義と目的 ||||||||||

①ハワイ企業の品質向上を促し、地域産業を発展

世界一厳しいと言われる日本人視点から、ハワイの優秀企業を表彰することで、
ハワイの製品・サービスの品質向上を促し、
地域産業の発展に貢献する。

②日本人旅行者の満足度を高め、ハワイの観光促進

ハワイの優秀企業のより良いサービスを受けることで
ハワイへの満足度向上を図る。さらにユーザー参加型投票により、
ハワイファン数・ハワイでの消費の増加に繋げる。

③ハワイと日本のメディアが協力し、ハワイの活性化

ハワイ関連の日本語メディアが一体となり、
ハワイのより良い情報を配信。
地元企業やブランドの価値を高めることで、
地域の活性化に貢献する。

GOLD SHAKA

BEST OF SHAKA

||||||||| 投票方法 |||||||||

公式ウェブサイトの投票画面より3部門50カテゴリーの中から、おすすめするハワイのレストランやショップに該当するカテゴリーを選び、その店舗名や会社名を入力して投票（期間：2017年1月11日〜7月10日）。最終投票数は25,217票。各カテゴリーのトップに選ばれた会社・店舗には、「GOLD SHAKA（ゴールド・シャカ）」トロフィーを、全てのカテゴリーを超えた総合トップには「BEST OF SHAKA（ベスト・オブ・シャカ）」を進呈。

||||||||| 投票ルール |||||||||

・1カテゴリーにつき、一人1回のみ投票可能（最大50カテゴリー）
・ハワイにある店舗のみが対象
・異なるカテゴリーに、同じ店舗名の投票は可能
※同じメールアドレスから、同カテゴリーに複数回投票された場合、店舗が特定できない場合は無効票とした。

||||||||| 投票資格 |||||||||

日本在住、ハワイ在住に関係なく、世界にいるすべてのハワイファン
※日本語が理解できる人に限る

　111-HAWAII AWARDランキングの最終投票結果は、2017年10月6日(金)にハワイの高級ホテル「ハレクラニ」で開催された授賞式にて発表されました。エントランスにはレッドカーペットが敷かれ、タキシードやイブニングドレスでドレスアップした受賞各社が集まり、豪華な授賞式となりました。

　セレモニーは本アワード主催のJHTA(日本ハワイ旅行業協会)星野明夫会長の挨拶から始まり、盛大に執り行われました。会場には受賞各社ほか、ハワイ州観光局、スポンサーの皆様、マスコミ各社など200人が集まり、「めったにない、素晴らしい交流の機会となった」と参加者から喜びの声が上がりました。

1位に選ばれた各社には、金色に輝く「シャカ像」が贈呈されました。また、全50カテゴリーの中で、最も得票数を集めたお店に贈られる「ベスト・オブ・シャカ」には、マラサダで人気の「レナーズ・ベーカリー」が選ばれ、黒色の「ブラック・シャカ像」が授与されました。

この日は会場に、ハワイの自然環境を守る活動に取り組むNPO団体「KUPU（クプ）」の代表が来場。本アワードから、投票数に応じて決められた2,000ドルの寄付金が贈呈されました。この寄付金はハワイの自然保護活動に生かされます。

スペシャルインタビュー
「111-HAWAII AWARD」公認アンバサダー

モデル・タレント
Mayaさん

Maya　マヤ
　シンガポール生まれ。幼少期をインドネシアと香港で、小学校〜高校までを東京で過ごす。カリフォルニアの大学で生物学を学んだ後、日本でユニクロCM、JJやTOKYO GIRLS COLLECTIONのモデル活動をしながら2011年にハワイ移住。ハワイ関連では、ウェディングモデル、BS12「ハワイに恋して」のレギュラーメンバー、First Hawaiian BankのCMにも出演。阪急ハワイフェアイメージモデルなどを務める。2017年のホノルルフェスティバルではMCとともに駅伝ランナーとしても出場した。
　現在、「Local Hawaii TV」メインナビゲーターとして出演中。大学時代には、コロラド州の栄養料理学校に通ったこともあり、栄養学と料理は得意分野。また、2016年パーソナルトレーナーの資格も取得。現在、ハワイ州政府観光局のヘルシーライフのコラムを月2回連載している。ハワイが大好きで、休みの日は犬と一緒にハイキングやビーチでの散歩を楽しむ。

―今回、111-HAWAII AWARD公認アンバサダーを務めていただき、ありがとうございました。アンバサダーを務めてみていかがでしたか？

　111-HAWAII AWARD公認アンバサダーを務めさせていただき、とても光栄であるとともにとても面白かったです！ハワイファンの皆さまが自分の好きなレストランやショップに投票できるという仕組みも面白かったですし、ハワイが持つたくさんの魅力を引き出してくれるプロジェクトだなと思いました。いろいろなイベントで多くのハワイファンの皆さまに声をかけていただきました。日本のハワイファンのパッションはすごい！と感じましたね。

　日本のハワイファンの中にも、初心者から上級者までいますよね。でも投票という

形式をとることで、どの人にも魅力的な場所やお店がわかるというのがとても面白かったです。住んでいても知らなかったスポットもあったりして、私自身もどんなランキングになるのだろうと結果を楽しんで見ました。このランキングは、これまで知らなかったハワイの魅力を知る良い機会になりますね。

——授賞式はハワイの名門ホテル「ハレクラニ」で盛大に行われました。MayaさんにはMCを務めていただきましたね。最初にお話があったときはどう思いましたか？

このお仕事もとても光栄に感じました！私はMCというお仕事が大好きなので、今回の授賞式はイベントの前から楽しみにしていました。普段は英語メインでMCをするので、今回の日本語メインでのMCに関しては少し緊張しましたけど（笑）

——授賞式には普段集まらないハワイのさまざまなショップ・レストランの関係者が集まりました。参加者の熱気は感じましたか？

私がハワイの好きなところは、知らない人が集まっても、少し時間がたてば、みんな友達のようになれるというところです。そんな空気感があるんですよね。今回の授賞式もそれをすごく感じました。普段はライバルかもしれないお店同士もとてもにこやかに交流している姿を見て、やっぱりハワイだなと思いました。そして、そんな機会をつくったこのアワードはとても素晴らしいなと感じましたね。互いに支え合って、ハワイを皆で盛り上げているコミュニティーの様子がわかる貴重な機会でした。

Special Interview

　また今回の授賞式は、レッドカーペットにタキシードとイブニングドレスという趣向。これはハワイではあまりないパーティー形式、特別感があって、とても素晴らしいと思いました。ハレの舞台ということで皆さまがとても喜んで参加されている感じが伝わりました。実際、授賞式に招待されるのは投票で3位までに選ばれた皆さまですから、この場所にいられる喜びというのが会場に充満していました。特に、受賞店舗のオーナーや代表の方がステージに上がってきたときの笑顔が印象的でした。普段の努力が報われた、そんな場になったのだと思います。

―Mayaさんがハワイでよく行くお店も入っていました？

　私の大好きなカフェ「ピースカフェ」がカフェカテゴリーで1位をとりました！ 菜食主義の方のためのビーガンカフェが1位をとるというのはすごいことですよね。これもハワイっぽさなのだと思います。オーナーのショウタさんと奥さまのユカコさんはカフェで会うといつも笑顔。とっても良い方々なんです。こちらのメニューはビーガンじゃない人でも楽しめます。私のお気に入りはハートアンドソールと日替わりみそ汁。デザートには抹茶餅！ですね。

　また、レジャーカテゴリーで1位に選ばれた「ラニカイピルボックス」は、よく愛犬と一緒に行くハイキングスポットです。短いコースですが、素晴らしい景色が待っていて、特に朝日は感動ものなんです。

　ビーチカテゴリーで受賞した「ワイマナロビーチ」は、私が今一番好きなビーチ。落ち着いた波ときれいな景色が最高です！

　このランキングは、特にハワイを初めて訪れる人にとってとても参考になりますね。

―ハワイに魅了される日本人は多いです。ハワイの一番の魅力は何だと思いますか？

　やっぱり自然環境だと思います。ハワイは自然が多いですよね。どんな人が来ても癒やされるのは自然のパワーです。ビーチやハイキング、スノーケリングやスカイダイビング…毎日違うアクティビティができますよ！自然の中でのさまざまな体験は、バケーションの思い出を彩り豊かにしてくれると思います。

―「111-HAWAII AWARD」はハワイの魅力を多くの皆さまに伝えるアワードになればと思っています。Mayaさんは、これからのハワイがどんな風になってもらいたいですか？

　訪れる人々が自然の魅力を全身で感じてくれる場所であってほしいと思います。そのためには自然を守ることも大切だと思いますし、現在の素晴らしい魅力を維持する努力も必要だと思います。また今回授賞した店舗はハワイを支えている皆さまだと思います。地元の魅力をもっと多くの人に伝えていければ、ハワイはもっと魅力的になり発展すると思いますし、私はそうなることを願っています。誰にとっても素晴らしいハワイ、いつまでもその魅力が続いていくことが私の希望です。

本書の使い方

本書では、111-HAWAII AWARDで選ばれた、各50カテゴリーの総合ランキング上位3位までのレストランやショップを紹介します。

※本掲載記事は2018年3月末時点の情報です。
※入賞店舗の都合により、記事を掲載していない場合があります。

● ハワイ在住者コメント
ハワイに移住または長期滞在している人たちからのコメント。地元だからこそ知っているおすすめメニューやレア商品など、貴重なアドバイスも盛りだくさん。

● 総合ランキング
総合ランキング4位から10位までの結果を掲載しています。
※閉店した店舗がある場合は、繰り上げた順位となっています。

● ハワイ在住者ランキング
投票数の中からハワイ在住者だけを抽出し、ランキングにしたものを掲載しています。
総合ランキングと比較すると面白い結果に!!

111-HAWAII AWARD

HAWAIIAN FOOD

ハワイアン フード

PANCAKE
OMELETTE・EGGS BENEDICT
ACAI BOWL
MALASADA
SHAVE ICE
SPAM RICE BALLS
GARLIC SHRIMP
LOCO MOCO
POKE
SAIMIN
PLATE LUNCH

パンケーキ

1. Boots & Kimo's Homestyle Kitchen
ブーツ＆キモズ ホームスタイル キッチン

「バナナ・パンケーキ・ウィズ『キモズ』マカデミアナッツソース」$12.59。ソースは意外にあっさりして甘すぎない

ハワイ在住者コメント

長蛇の列の場合はテイクアウトの裏技もありですが、パンケーキはできたてフワフワが一番！コーンビーフハッシュやチャーハンを一緒に注文して、甘味と塩味を組み合わせるのが私のお気に入りの食べ方。期間限定のパンケーキも楽しみの1つです♪

Rakuten Travel Hawaii, LLC. General Manager
吉田 茜さん

パンケーキ有名店に連日長蛇の列

「ブーキモ」の愛称で親しまれるカイルアのブレックファスト専門店。マカデミアナッツソースがけパンケーキが特に有名で、これ目当てに連日、日本人観光客が並ぶ。おすすめは「バナナ・パンケーキ」。パンケーキに混ぜられたバナナのほのかな甘みとマカデミアナッツのふわふわソースが絶妙だ。

DATA　MAP P089・E-1

住／151 Hekili St., Kailua, HI 96734
☎／808-263-7929
営／月・水～金曜7:30～15:00、土・日曜7:00～15:00
休／火曜、X'mas・元旦

---

2. Eggs'n Things エッグスン シングス

パンケーキで知られる老舗レストラン

1974年創業の有名なブレックファスト店。一番人気はパンケーキ5枚にイチゴをのせ、たっぷりのホイップクリームとマカデミアナッツを散らした「スペシャルパンケーキ」。バナナやパイナップル、ブルーベリーのトッピングも選べる。

DATA　MAP P086・B-2

住／343 Saratoga Rd., Honolulu, HI 96815
☎／808-923-3447
営／レストラン6:00～14:00、16:00～22:00 ショップ7:00～22:00　休／なし

---

3. Café Kaila カフェ カイラ

ハレアイナ賞4年連続受賞の朝食カフェ

カパフルとカイムキの境にある小さな朝食カフェ。朝食にこだわりを持つオーナーのカイラさん。「自分自身が食べたいもの」をイメージに作り上げたメニューは、どれも質の高い食材で丁寧に調理され、美しく仕上げられている。

DATA　MAP P085・E-2

住／Market City Shopping Center, 2919 Kapiolani Blvd., Honolulu, HI 96826
☎／808-732-3330
営／月～金曜7:00～18:00、土・日曜7:00～15:00
休／感謝祭、X'mas、元旦

ランキング徹底比較！

総合ランキング
4. Bills Hawaii
5. The Original Pancake House
6. Cream Pot
7. Moke's Bread and Breakfast
8. Cinnamon's
9. IHOP
10. Aloha Kitchen

ハワイ在住者ランキング
1. The Original Pancake House
2. Café Kaila
3. Bills Hawaii
4. Boots & Kimo's Homestyle Kitchen
5. Moke's Bread and Breakfast
6. Eggs'n Things
7. IHOP
8. Aloha Kitchen
9. Yogur Story
10. Sweet-E's Café

オムレツ・エッグベネディクト

1 Hau Tree Lanai ハウ ツリー ラナイ

「クラシック エッグベネディクト」$20。エッグベネディクトだけでもフィレ肉、カニ、サーモンなど5種類ある

ハワイ在住者コメント

「ハウツリーラナイ」のエッグベネディクトはもちろん、他のメニューも間違いなし。食事もおいしくて、ハワイっぽい雰囲気満載。しかもビーチサイドと三拍子そろっているので、日本からの特別なお客さまや恋人とのデートによく利用します。

Shiratsuyu Shuzo
海外担当マネジャー
岩崎 貴帆さん

海辺のラナイで名物ブレックファストを堪能

ハレアイナ賞など数々のアワード受賞経験を持つレストラン。中でも最も有名なエッグベネディクトは、グリルしたイングリッシュマフィンにターキーとカナディアンベーコン、ポーチドエッグをのせてオランデーソースをかけた一皿。美しいカイマナ・ビーチを眺めながら優雅にいただこう。

DATA MAP P085・E-3
住／The New Otani Kaimana Beach Hotel, 2863 Kalakaua Ave., Honolulu, HI 96815
☎／808-921-7066　営／ブレックファスト7:00～10:45、ランチ11:45～14:00(月～土曜)、12:00～14:00(日曜)、ディナー17:30～21:00　休／なし

2 Eggs'n Things エッグスン シングス

ブレックファスト有名店の豪華オムレツ

1974年にオープン以来、パンケーキブームの先駆けとなったワイキキのカジュアルレストラン。パンケーキのほかに卵3個とホウレンソウ、チーズ、ベーコン入りの「スペシャルオムレツ」が日本人の人気を集めている。

DATA MAP P086・B-2
住／343 Saratoga Rd., Honolulu, HI 96815
☎／808-923-3447
営／レストラン6:00～14:00、16:00～22:00 ショップ7:00～22:00　休／なし

3 Boots & Kimo's Homestyle Kitchen ブーツ&キモズ ホームスタイル キッチン

オムレツもおいしいパンケーキの有名店

マカデミアナッツソースをかけたパンケーキが人気のブレックファスト専門店。オムレツの種類の豊富さとおいしさも評判で、ガーリックシュリンプとクリーミーなアルフレードソースが入ったオムレツは絶品だ。

DATA MAP P089・E-1
住／151 Hekili St., Kailua, HI 96734　☎／808-263-7929
営／月・水～金曜7:30～15:00、土・日曜7:00～15:00
休／火曜、X'mas、元旦

ランキング徹底比較！

総合ランキング

1. Hau Tree Lanai
2. Eggs'n Things
3. Boots & Kimo's Homestyle Kitchen
4. Goofy Cafe & Dine
5. The Veranda at The Beach House
6. Orchids
7. Heavenly Island Lifestyle
8. Surf Lanai
9. Cinnamon's
10. Bills Hawaii

ハワイ在住者ランキング

1. Hau Tree Lanai
2. Goofy Cafe & Dine
3. Boots & Kimo's Homestyle Kitchen
4. Bogart's Café
5. Eggs'n Things
6. Heavenly Island Lifestyle
7. The Original Pancake House
8. Kaimana Farm Café
9. The Veranda at The Beach House
10. Koa Pancake House

アサイボウル

1. Island Vintage Coffee
アイランド ヴィンテージ コーヒー

「オリジナル・アサイボウル」$9.65 とピーベリーチップ入り「ヴィンテージ・コナ・モカ」$4.95～

ハワイ在住者コメント

このお店はアサイボウルやポケボウルで知られていますが、オーナーからのおすすめでキムチフライドライスとケールジュースを出され、意外や意外、おいしかったです。ケールジュースは、メニューにありませんが、材料があれば作ってくれます。

Papa Hula Japan CEO and the president
マリ・ヘイズさん

ヘルスコンシャスな贅沢アサイボウル

100%コナコーヒーで有名なカフェで、コーヒー以外のメニューも絶品。「オリジナル・アサイボウル」は、豆乳で割った冷たいアサイに新鮮なバナナ、イチゴ、ブルーベリー、ハワイ島産オーガニックハニーとオーガニックグラノーラをプラスしたもの。ヘルシーで、フレッシュな香りと食感を楽しめる。

DATA　MAP P087・D-3
住／Royal Hawaiian Center, 2301 Kalakaua Ave.C-215, Honolulu, HI 96815
☎／808-926-5662　営／6:00～23:00、朝食・ランチ7:00～15:00　休／なし

2. Bogart's Cafe ボガーツ カフェ

朝食がおいしい実力派カフェ

モンサラット・アヴェニューのカフェは料理の味と質に定評があり、地元客や観光客で毎日列ができるほどの盛況ぶり。人気のアサイボウルはグラノーラ、ブルーベリー、バナナ、イチゴ、ハチミツが加わりボリュームたっぷり。

DATA　MAP P085・E-3
住／3045 Monsarrat Ave., Honolulu, HI 96815
☎／808-739-0999
営／月～金曜6:00～18:30、土・日曜6:00～18:00
休／X'mas、元旦

3. Lanikai Juice ラニカイ ジュース

新鮮フルーツとココナッツの絶妙コンビ

カイルア本店には朝から新鮮な果物のジュースやアサイボウルを求める地元住民と観光客が長い列を作る。名物「アサイボウル」は冷たいアサイにオーガニックのグラノーラとイチゴ、ブルーベリー、バナナとココナッツをプラス。

DATA　MAP P089・E-1
住／600 Kailua Rd., Kailua, HI 96734
☎／808-262-2383
営／月～土曜6:00～20:00、日曜7:00～19:00
休／X'mas

ランキング徹底比較！

総合ランキング
4. Diamond Head Cove Health Bar
5. Hawaiian Crown Plantation
6. Honolulu Coffee
7. Blue Hawaii Lifestyle
8. Heavenly Island Lifestyle
9. Jamba Juice
10. Haleiwa Bowls

ハワイ在住者ランキング
1. Island Vintage Coffee
2. Bogart's Cafe
3. Diamond Head Cove Health Bar
4. Jamba Juice
5. Lanikai Juice
6. Blue Hawaii Lifestyle
7. Heavenly Island Lifestyle
8. Tropical Tribe
9. Paina Café
10. Banan

マラサダ

1. Leonard's Bakery レナーズ ベーカリー

ハワイ在住者コメント

やっぱりマラサダといえば、レナーズですね。ここのマラサダは意外に軽いので、私はいつも3つほど一気に食べちゃいます。ロコの人たちは、ちょっとした手土産としても、よくマラサダを買って持って行きますね。

Clarence Lee Design
President & Art Director
山本 訓照さん

「オリジナル」$1.15（1個）店内にはマラサダのほかに、カップケーキやペストリーが多種並ぶ

できたてホカホカを頬張りたい

1952年にポルトガル移民の子孫がオープンした歴史あるベーカリー。伝統的ポルトガルのお菓子マラサダは店頭に置かず、キッチンで揚げたてを出してくれる。砂糖をまぶしただけのオリジナルのほか、カスタードやドバッシュ（チョコレート）、ハウピア（ココナッツ）クリーム入りもある。

DATA MAP P085・E-2
住／933 Kapahulu Ave., Honolulu, HI 96816
☎／808-737-5591 営／日～木曜5:30～22:00
金・土曜5:30～23:00 休／X'mas

---

2. Kamehameha Bakery カメハメハ ベーカリー

ローカルが通う素朴なベーカリー

1978年の創業以来、ローカルに愛され続けるベーカリー。カリヒ地区の工業地帯にあり、平日は午前2時、週末は3時から開店する。紫色の名物「ポイ・グレーズ・ドーナツ」を目当てに来店し、1ダース以上大人買いする人がいるほど。

DATA MAP P088・A-3
住／1284 Kalani St., Unit D106, Honolulu, HI 96817
☎／808-845-5831
営／月～金曜2:00～16:00、土・日曜3:00～16:00
休／X'mas、元旦

---

3. TEX Drive In テックス ドライブイン

ハワイ島名物の四角マラサダが人気

映画にも登場したノスタルジックなハワイ島の町、ホノカアにある1969年創業の老舗ドライブイン。早朝から夜まで毎日営業し、一番人気は何と言っても飛ぶように売れる四角い「ホットマラサダ」。できたてアツアツを頬張りたい。

DATA MAP P083・E-2
住／45-690 Pakalana St., Honokaa, HI 96727
☎／808-775-0598
営／6:00～20:00
休／X'mas

ランキング徹底比較！

総合ランキング

4. Agnes Portuguese Bake Shop	8. Liliha Bakery
5. Champion Malasadas	9. Paalaa Kai Bakery
6. Pipeline Bakeshop & Creamery	10. Ted's Bakery
7. Aloha Table Waikiki	

ハワイ在住者ランキング

1. Leonard's Bakery	6. Aloha Table Waikiki
2. Kamehameha Bakery	7. Liliha Bakery
3. Champion Malasadas	8. Agnes Portuguese Bake Shop
4. Pipeline Bakeshop & Creamery	9. Paalaa Kai Bakery
5. TEX Drive In	10. Ted's Bakery

シェイブアイス　　　111-HAWAII AWARD

Matsumoto Shave Ice　マツモト シェイブアイス

ハワイ在住者コメント

カラフルなレインボーシェイブアイスは、ハワイらしくってやっぱり最高！お店によって、氷の舌触りやシロップにこだわりがあるので、あれこれ食べ比べるのも楽しいですね。和を感じられるアズキなどのトッピングもオススメです。

アロハストリート編集長
松本 律子さん

レインボー（L）$3.5、（S）$3。ココナツ、リリコイなどのフレーバーから3つまで無料で選べる

暑さも吹き飛ぶ名物シェイブアイス

1951年創業のシェイブアイス店はハレイワの名所的存在。おすすめは有名な「レインボー」と店限定のフレーバー「マツモト」。コンデンスミルク（¢50）やモチ（$1）をトッピングするとさらにおいしい。2015年の新店舗移転後はかわいいロゴグッズも充実し、ノース土産に最適なアイテムが並ぶ。

DATA　MAP **P089・E-3**
住／66-111 Kamehameha Hwy., Suite #605, Haleiwa, HI 96712　☎808-637-4827
営／9:00～18:00　休／なし

Waiola Shave Ice
ワイオラ シェイブアイス

さらさらの氷が特徴のシェイブアイス

ロコが足しげく通うモイリイリ地区のシェイブアイス店。人気の秘密はパウダースノーのように細かいさらさら、ふわふわの氷。シロップやフレーバーの種類も多く、アイスクリームやモチ（¢50）などのトッピングを追加するとおいしさも倍増する。

DATA　MAP **P088・C-1**
住／2135 Waiola St., Honolulu, HI 96826
☎808-949-2269
営／10:00～18:00　休／感謝祭

Island Vintage Shave Ice
アイランド ヴィンテージ シェイブアイス

グルメ＆ナチュラルな絶品シェイブアイス

食材の質と味にこだわる店が生み出したシェイブアイスは、さらさらでソフトな氷がおいしい。リリコイ、アサイなどナチュラルなフルーツシロップを選べ、オーガニック・ソフトクリームやプチプチ食感のボバをプラスするとさらに味わいがアップする。

DATA　MAP **P086・C-3**
住／2201 Kalakaua Ave.B-1, Honolulu, HI 96815
☎808-637-5662
営／10:00～22:00　休／なし

ランキング徹底比較！

総合ランキング

4. Lemona Hawaii
5. Monsarrat Ave Shave Ice
6. Snow Factory
7. Henry's Place
8. Uncle Clay's House Of Pure Aloha
9. Ululani's Hawaiian Shave Ice
10. Wailua Shave Ice

ハワイ在住者ランキング

1. Waiola Shave Ice
2. Matsumoto Shave Ice
3. Island Vintage Shave Ice
4. Lemona Hawaii
5. Snow Factory
6. Monsarrat Ave Shave Ice
7. Uncle Clay's House Of Pure Aloha
8. Kulu Kulu
9. Ululani's Hawaiian Shave Ice
10. Wailua Shave Ice

スパムむすび

111-HAWAII AWARD

1 Iyasume いやす夢

「玉子きゅうりスパム」$2.58、「オリジナルスパム」$1.98、「たくあんスパム」$2.38

ハワイ在住者コメント

ひとつひとつ手で作られるスパムむすびのおすすめは「梅しそスパム」。梅しそがさっぱり感を出していくつでも食べられそうです。夕方に行くと割引があるときもあるので、明日の朝ご飯として買うのもおすすめです。

ハワイ報知社社長
吉田 太郎さん

種類も豊富な手作りおむすび専門店

ハワイに6店舗展開するおむすび専門店。中でもスパムは、その豊富な品ぞろえと手作りならではのふんわり感がたまらない。リーズナブルな上に食べごたえ満点で、得した気分になってしまう。オリジナルのスパムのほか、さまざまな具材のトッピングと味つけでハワイスパムの王者を誇る。

DATA MAP P087・E-2
住／2427 Kuhio Ave, Honolulu, HI 96815
☎／808-921-0168　営／6:30〜21:00　休／なし

2 Seven Eleven セブン イレブン

種類豊富な
オリジナルスパムむすび

日本でおなじみのコンビニ。ハワイでも人気は絶大で、お弁当やサンドッイチ、マナプア、アイシードリンクと種類の多さと味に定評がある。オリジナルのスパムむすびは、てりやき、玉子、ふりかけ、BBQ味など飽きがこない。

DATA MAP P088・C-1
住／1960 Kapiolani Blvd. Honolulu, HI 96826
☎／808- 946-7311
営／店舗によって異なる　休／なし

3 ABC Store ABCストア

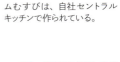

自然な塩味と米が
おいしいスパムむすび

早朝から深夜まで営業する、ハワイ州内最大のコンビニチェーン。食に力を入れているため、食料品のレベルが高い。良質の米を使い、スパムの塩味をうまく生かしたスパムむすびは、自社セントラルキッチンで作られている。

DATA MAP P086・C-3
住／2233 Kalakaua Ave, Honolulu, HI 96815
☎／808- 923-2069
営／6:30〜翌1:00　休／なし

ランキング徹底比較！

総合ランキング

4.	GABA Waikiki	8.	Cafe Mana Mona
5.	Marukame Udon	9.	Food Pantry
6.	Diamond Head Market & Grill	10.	LAWSON
7.	Foodland		

ハワイ在住者ランキング

1.	Iyasume	6.	Foodland
2.	Seven Eleven	7.	Cafe Mana Mona
3.	Hawaii Kai Golf Course	8.	Pearl Country Club
4.	ABC Store	9.	Diamond Head Market & Grill
5.	GABA Waikiki	10.	Mana Bu's

ガーリックシュリンプ

111-HAWAII AWARD

1 Giovanni's Shrimp Truck
ジョバンニズ シュリンプ トラック

ハワイ在住者コメント

ハワイでガーリックシュリンプブームの火つけ役となったお店。観光客からロコまでファンが多く、プリプリのエビにガツンと効いたガーリック味がたまりません！水道やトイレも完備されているのもうれしいポイント。

HAWAII ROAD CEO
岩瀬 英介さん

一番人気はニンニクとオリーブオイル、レモンバターの風味が効いた「シュリンプ・スキャンピ」$14

行列ができるシュリンプトラック

ノースショアにある数多いシュリンプトラックの中でも、おいしいと評判なのがハレイワの入口とカフクに店を持つジョバンニズ。ガーリックたっぷりの「シュリンプ・スキャンピ」やピリッと刺激的な辛さの「ホット＆スパイシー・シュリンプ」など、エビ好きにはたまらない一皿を楽しめる。

DATA MAP P089・E-4
住／66-472 Kamehameha Hwy., Haleiwa, HI 96712
☎ 808-293-1839　営／10:30～17:00
休／感謝祭、X'mas

2 Romy's Kahuku Prawns and Shrimp
ロミーズ カフク プローンズ アンド シュリンプ

DATA MAP P082・B-1
住／56-781 Kamehameha Hwy., Kahuku, HI 96731　☎ 808-232-2202
営／10:00～18:00　休／なし

3 Fumi's Kahuku Shrimp フミズ カフク シュリンプ

ローカルも絶賛のカフクシュリンプ

ノースショア名物カフクシュリンプの有名店は青い建物が目印。大きくプリプリのエビをたっぷりのバターとガーリックで調理した一番人気の「バターガーリックシュリンプ」は絶品。サラダとパイナップルも付いて値段もお得。

DATA MAP P082・B-1
住／56-777 Kamehameha Hwy., Kahuku, HI 96731　☎ 808-232-8881
営／10:00～19:30(トラック)、10:00～18:00(スタンド)　休／なし

ランキング徹底比較！

総合ランキング

4. Bule Water Shrimp & Seafood
5. Camaron Shrimp Wagon
6. Sam's Kitchen
7. Aloha Table Waikiki
8. Ken's Kitchen
9. Big Wave Shrimp
10. Famous Kahuku Shrimp

ハワイ在住者ランキング

1. Giovanni's Shrimp Truck
2. Romy's Kahuku Prawns & Shrimp
3. Fumi's Kahuku Shrimp
4. Ken's Kitchen
5. Famous Kahuku Shrimp
6. Bule Water Shrimp & Seafood
7. Camaron Shrimp Wagon
8. Big Wave Shrimp
9. Heavenly Island Lifestyle
10. Sam's Kitchen

ロコモコ

111-HAWAII AWARD

1 Aloha Table アロハテーブル

ハワイ在住者コメント

ロコモコはハワイフードの定番ですが、最近はレストランによってさまざまな味・スタイルのものが増えています。アロハテーブルは日本人にはうれしいデミグラスソースを使っているので、私もランチに行くと必ずこれを食べますね。

Clarence Lee Design
President & Art Director
山本 訓照さん

「ロコモコ」$19.90。カウアイ・ガーリックシュリンプやモチコフライドチキンなどのローカルフードも人気

高級牛肉使用の絶品ロコモコ

日本発ローカルスタイルのレストラン。オープンエアの店内は隠れ家的な居心地のよさだ。おいしいと評判のロコモコは神戸スタイルの高級牛肉と地元ハワイの新鮮な卵、カリフォルニア産のコシヒカリを使用している。じっくり煮込んだデミグラスソースと絶妙な半熟卵はまさにプロの味だ。

DATA MAP P086・C-2
住／2238 Lau'ula St., Honolulu, HI 96815
☎／808-922-2221 営／11:00〜翌1:00、日曜・祝日11:00〜24:00 休／なし

2 Rainbow Drive-In レインボー ドライブイン

ローカルに圧倒的人気のドライブイン

1961年創業のドライブインはワイキキビーチからほど近いカパフルにある。ハワイ島生まれのロコモコを70年代にオアフ島でいち早く取り入れ、今も変わらぬ人気を誇る。テーブルはすべて屋外だが席数も多く、待たずに食べられる。

DATA MAP P085・E-3
住／3308 Karaina Ave., Honolulu, HI 96815
☎／808-737-0177
営／7:00〜21:00
休／感謝祭、X'mas、大晦日、元旦

3 Wolfgang's Steakhouse ウルフギャング ステーキハウス

有名ステーキ店の贅沢なロコモコ

連日にぎわう有名ステーキレストランの隠れた人気ランチメニューが「ロコモコ」。ステーキと同じく28日間熟成した最高級牛肉を使用している。特製グレービーソースに地産卵の半熟目玉焼きをのせたロコモコは何とお得な$14.95！

DATA MAP P087・D-3
住／2301 Kalakaua Ave.,3F Honolulu, HI 96815
☎／808-922-3600
営／日〜木曜11:00〜22:30、金・土曜〜23:30 休／なし

ランキング徹底比較！

総合ランキング

1. Aloha Table
2. Rainbow Drive-In
3. Wolfgang's Steakhouse
4. Cafe 100
5. Lulu's
6. Heavenly Island Lifestyle
7. Nico's Pier 38
8. Kaka'ako Kitchen
9. Moke's Bread & Breakfast
10. Ryan's Grill

ハワイ在住者ランキング

1. Aloha Table
2. Rainbow Drive-In
3. Ryan's Grill
4. Wolfgang's Steakhouse
5. Kaka'ako Kitchen
6. Highway Inn
7. Lulu's
8. Nico's Pier 38
9. Like Like Drive Inn
10. Koko Head Café

23

111-HAWAII AWARD

1 Nico's Pier 38 ニコス ピア38

ハワイ在住者コメント

「ニコスピア38」のポケはマグロだけでなく、エビやタコなどたくさん種類があり、ポケボウルは3種類のポケが選べるのでいろいろな味を味わえます。私のおすすめはアヒデラックスとガーリックシュリンプです。

ハワイ報知社社長
吉田 太郎さん

「醤油アヒとスパイシーアヒのポケボウル」$9.95〜。「醤油アヒ」「スパイシーアヒ」「アヒリム」$18.95/450g〜

魚市場直送の新鮮なマグロで極上ポケ丼

新鮮なシーフードが味わえる人気レストラン直営のフィッシュ・マーケット。魚市場に隣接し、早朝6時30分からオープンしている。スパイシーやマヨネーズ、フリカケ、キムチなどの定番以外のポケも楽しみたい。ポケ丼はレストランではなく、フィッシュ・マーケットでのみオーダーできる。

DATA　MAP P088・A-3
住／1129 N. Nimitz Hwy. Honolulu, HI 96817
☎／808-983-1263　営／月〜土曜6:30〜18:00、日曜10:00〜16:00(フィッシュマーケット)　休／なし

2 Maguro Brothers マグロ ブラザーズ

獲れたて新鮮マグロを安価でおいしく

日本で魚屋を営んでいた、魚を熟知した兄弟2人が営む店。ハワイ近海で獲れたマグロを毎日朝市で購入し、調理するからネタは新鮮そのもの。中トロ丼やリム(海藻)を加え、塩とごま油で味つけしたアヒポケボウルは絶品。

DATA　MAP P086・C-1 / P088・B-3
住／チャイナタウン：1039 Kekaulike St., Kekaulike Market #113, Honolulu, HI 96813　ワイキキ：421 Lewers St., #C, Honolulu, HI 96815
☎／808-259-7100(チャイナタウン) 808-230-3470(ワイキキ)
営／月〜土曜 9:00〜15:00
休／日曜、1月1日〜4日

3 Ono Seafood オノ シーフード

ローカルが通う新鮮でおいしいポケの店

素材の新鮮さにこだわり、冷凍の魚は使用しないポケと刺身の専門店。名物の「ポケボウル」はアヒとタコの2種で、味つけは醤油、スパイシー、みそ、わさび、ハワイアンの5つ。どれもレギュラー$8.50、特大$10.50。

DATA　MAP P085・E-3
住／747 Kapahulu Ave., Honolulu, HI 96816
☎／808-732-4806
営／9:00〜18:00
休／日・月曜、X'mas、元旦

ランキング徹底比較！

総合ランキング
4. Foodland
5. Coco Cove
6. Island Vintage Coffee
7. Tamura's Fine Wine & Liquors
8. Fresh Catch
9. Suisan Fish Market
10. Don Quijote

ハワイ在住者ランキング
1. Foodland
2. Ono Seafood
3. Nico's Pier 38
4. Maguro Brothers
5. Island Vintage Coffee
6. Da Hawaiian Poke Company
7. Tamura's Fine Wine & Liquors
8. Fresh Catch
9. Tanioka's Seafoods
10. Tamashiro Market

サイミン　　111-HAWAII AWARD

1 Shige's Saimin Stand　シゲズ サイミン スタンド

「ベジタブル・サイミン（L）」$7.95。「BBQ スティック」$1.80 もおすすめ

ハワイ在住者コメント

オアフ島中央にあるワヒアワという街にある老舗のサイミン屋。こだわりはオアフ島唯一の自家製麺。ロコはコシのあるサイミンとチーズバーガーをセットで食べています。私は特に焼きサイミンが好き。ぜひ試してみて！

フォトグラファー
石丸 智仁さん

秘伝の味を守る小さなサイミン食堂

ノースショアに近いワヒアワの裏通りにある小さな食堂。祖父母から受け継いだ秘伝の味を守り続けるオーナーが早朝から麺づくりを行う。「サイミンとハンバーガーを一緒に食べるのがローカル流」とオーナー。地元住民行きつけの隠れ家的食堂は今や観光客も頻繁に訪れる人気店となっている。

DATA　　MAP P082・B-2
住／70 Kukui St., Suite 70, Wahiawa, HI 96786
電／808-621-3521　営／月〜木曜10:00〜22:00、金・土曜10:00〜23:00　休／日曜

---

2 Like Like Drive Inn
リケリケ ドライブイン

安くておいしい ローカルフードが自慢

1953年に開業した家族経営の店。名物のサイミンはエビからだしを取り、さっぱりとした自家製スープに仕上げている。麺も軽い口あたりでつるりと食べられる。長時間営業でメニューも豊富。

DATA　　MAP P088・B-1
住／745 Keeaumoku St., #100, Honolulu, HI 96814
電／808-941-2515
営／月〜木曜6:00〜22:00、金曜6:00〜日曜22:00通し営業
休／12月31日〜1月2日

3 Tanaka Saimin　タナカ サイミン

昔懐かしい食堂で ローカルの味を満喫

店名にもなっている「サイミン」はエビと昆布でだしを取り、地元の麺製造業者にカスタムオーダーした麺を使うというこだわりよう。シェフが手作りするチャーシューと野菜もたっぷり入っている。一番人気は「タナカ・サイミン」セット。

DATA　　MAP P088・A-3
住／888 North Nimitz Hwy. Suite 103, Honolulu, HI 96817　電／808-524-2020
営／月〜木曜、日曜7:00〜22:00、金・土曜7:00〜23:00
休／感謝祭、X'mas、元旦

ランキング徹底比較！

総合ランキング

4. Zippy's	8. Hamura's Saimin
5. McDonald's	9. Forty Niner Restaurant
6. Shiro's Saimin Heaven	10. Dillingham Saimin
7. Palace Saimin	

ハワイ在住者ランキング

1. Shige's Saimin Stand	6. Palace Saimin
2. Like Like Drive Inn	7. Shiro's Saimin Heaven
3. Tanaka Saimin	8. Sam Sato's
4. Zippy's	9. Rainbow Drive-In
5. Hamura's Saimin	10. Dillingham Saimin

プレートランチ

111-HAWAII AWARD

1 Pioneer Saloon パイオニア サルーン

表面はカリッ、中はレアに焼いた「ガーリックアヒステーキ（塩若布ライス）」$15 と「キムチポークボウル」$11

和風テイストのプレートランチ

木目を基調とした温かみのある空間に癒やされるプレートランチ店。メニューは何度も通って全部制覇したくなるクオリティーの高さ。味へのこだわりとスタッフの笑顔で、ロコからの信頼も厚い。ダイヤモンドヘッドの麓やカピオラニ公園からほど近く、天気のいい日はテイクアウトしたい。

ハワイ在住者コメント

ランチに困ったらパイオニアサルーンっていうぐらいヘビロテしています。ただ常にお店が混んでいるというのが難点です。いつも先に電話でオーダーしてからお店に行って、待たずにおいしいプレートランチを食べています。おすすめです！

HUNDRED DREAMS代表
内田 直さん

DATA　**MAP** P085・E-3
住／3046 Monsarrat Ave, Honolulu, HI 96815
☎／808-732-4001　営／11:00〜20:00　休／なし

2 Kaka'ako Kitchen カカアコ キッチン

一流レストランの味をプレートランチで

数々の受賞歴がある「3660オンザライズ」のオーナーシェフ、ラッセル氏プロデュースの店。ワードビレッジ内のプレートランチ店として、長年愛されている。ハワイ近海の魚介類や地元産の新鮮素材を使った料理を味わえる。

DATA　**MAP** P088・B-4
住／1200 Ala Moana Blvd, Honolulu, HI 96814
☎／808-596-7488
営／月〜土曜10:00〜21:00、日曜10:00〜16:00
休／感謝祭、X'mas、正月

3 Me BBQ ミー バーベキュー

家庭的な味の韓国プレートランチ

地元韓国人お墨付きの韓国料理専門プレートランチ店。ワイキキの便利な場所に位置し、朝7時の開店から閉店まで客足が途絶えない隠れた人気店だ。BBQビーフ、チキンカツ、カルビ、ミート・ジャンなどメニューは48種と豊富。

DATA　**MAP** P087・E-2
住／151 Uluniu Ave., Honolulu, HI 96815
☎／808-926-9717
営／月〜土曜7:00〜21:00
休／日曜

ランキング徹底比較！

総合ランキング
- 4. Rainbow Drive-In
- 5. Diamond Head Market & Grill
- 6. Yummy Korean BBQ
- 7. HI Steaks
- 8. Panda Express
- 9. Steak Shack
- 10. Nico's Pier 38

ハワイ在住者ランキング
- 1. Pioneer Saloon
- 2. Yummy Korean BBQ
- 3. Rainbow Drive-In
- 4. Panda Express
- 5. Kaka'ako Kitchen
- 6. Kahai Street Kitchen
- 7. HI Steaks
- 8. Aloha Tofu town
- 9. Me BBQ
- 10. Diamond Head Market & Grill

111-HAWAII AWARD

HAWAIIAN
GOODS

ハワイアン グッズ

COOKIE・CHOCOLATE
COFFEE BRAND
ALOHA SHIRTS
UKULELE

クッキー・チョコレート

111-HAWAII AWARD

Honolulu Cookie Company
ホノルル クッキー カンパニー

ハワイ在住者コメント

ハワイ土産で何が良いか尋ねられるとまずは「クッキー」と答えます。ハワイではキャンディーとも呼ばれ、とにかく香ばしくておいしい！このベスト3は揺るぎないハワイ三大ブランドで、ハワイ通が集まれば「この中でどれが好きか」という話題になります。

HAWAII ROAD CEO
岩瀬 英介さん

パッケージはさまざまなデザインとサイズがあり、価格もリーズナブル

アロハの心を表す最高品質のクッキー

毎日ホノルルの自社工場で丁寧に手作りされるプレミアム・ショートブレッド・クッキーは、ハワイらしいパイナップルの形がかわいい。バターやチョコレート、小麦粉は最高品質の食材だけを使い、パイナップルやマカデミアナッツ、コナコーヒー、ココナッツ、マンゴーなど種類も豊富にそろう。

DATA　MAP P086・C-3
住／2233 Kalakaua Ave.,B-108 Honolulu, HI 96815
☎／808-931-3330　営／9:00～23:00　休／なし

Big Island Candies
ビッグ アイランド キャンディーズ

ハワイ島生まれのプレミアムクッキー

1977年にハワイ島ヒロで日系人夫婦が創業し、今やハワイ有数の人気ブランドに。高級ショートブレッドクッキーは地元産のマカデミアナッツやコナ、カウ・コーヒーなど最高品質の食材を使ってヒロの工場で毎日丁寧に手作りされている。

DATA　MAP P088・A-1
住／1450 Ala Moana Boulevard, Suite 1230, Honolulu, HI 96814
☎／808-946-9213　営／月～土曜9:30～21:00、日曜10:00～19:00　休／感謝祭、X'mas

The Cookie Corner
ザ クッキー コーナー

ロコが愛するクッキーカンパニー

1981年のオープン以来人気が急上昇し、現在はシェラトンワイキキやアラモアナ店をはじめオアフ島内だけで14店舗を持つ企業に成長した。地元産の高品質な食材にこだわったクッキーは、赤地にハイビスカスのパッケージでお土産にも最適。

DATA　MAP P086・C-4
住／2255 Kalakaua Ave. Shop 10, Honolulu, HI 96815
☎／808-926-8100　営／8:00～22:30　休／なし

ランキング徹底比較！

総合ランキング

4. Honolulu Chocolate Company	8. Hawaiian Host
5. Royal Hawaiian Cookie	9. The Kahala Hotel & Resort
6. Malie Kai Chocolates	10. Pierre Marcolini
7. Manoa Chocolate Hawaii	

ハワイ在住者ランキング

1. Big Island Candies	6. Manoa Chocolate Hawaii
2. Honolulu Cookie Company	7. Cake M
3. The Cookie Corner	8. See's Candies
4. Royal Hawaiian Cookie	9. Padovani's Chocolates
5. Honolulu Chocolate Company	10. Diamond Bakery

コーヒーブランド

111-HAWAII AWARD

1 Honolulu Coffee Experience Center
ホノルル コーヒー エクスペリエンス センター

ラテ $5.50 (L) 16時〜18時はドリンクを購入すると一部ペストリーが無料に

最高品質のコナコーヒーを満喫

1992年にオープンし、ハワイのコーヒー・カルチャーの先駆者ともいえるブランドに成長した。ハワイ島コナに自社のコナコーヒー農場を所有し収穫した最高品質のコーヒー豆は、ワイキキのエクスペリエンス・センター中央に設置した巨大なロースターで丁寧にローストされる。

DATA　MAP P088・B-1
住／1800 Kalakaua Ave., Honolulu, HI 96815　☎／808-202-2562　営／6:00〜18:00　休／感謝祭、X'mas

2 Aikane Plantation Coffee Company
アイカネ プランテーション コーヒー カンパニー

品質と味にこだわる名門コーヒーブランド

カウコーヒーの歴史は、1894年ハワイ島カウ地区にアイカネ・プランテーション現オーナーの曽祖父がはじめてコーヒーの木を植えたことに始まる。その品質はハワイ州農業局の認可「シール・オブ・クオリティ」で保証されている。

DATA　MAP P083・E-3
住／95-2911 Kaalaki Rd., Pahala, HI 96777　☎／(ハワイ島)808-927-2252　営／ハワイ島9:00〜17:00(農園訪問は電話予約要)　休／農園：日曜、X'mas
※オアフ島ではファーマーズマーケット等で販売

3 Island Vintage Coffee
アイランド ヴィンテージ コーヒー

ワイキキで堪能する一流のコーヒー

ハワイ島コナの高地で栽培される、最高品質のコナコーヒーを100%使用したグルメコーヒー専門店。その香り高いコーヒーはひと口飲めば違いがはっきりと分かる。特におすすめは味わい深く、素敵なアートが描かれるラテ。

DATA　MAP P087・D-3
住／2301 Kalakaua Ave.C-215, Honolulu, HI 96815　☎／808-926-5662　営／6:00〜23:00、朝食・ランチ6:00〜15:00　休／なし

3 Lion Coffee
ライオン コーヒー

伝統を誇る米国最古のブランド

1864年にオハイオ州トレドで創業し、ハワイに拠点を移した米国最古のコーヒーブランド。現在はハワイのコーヒー会社「ハワイ・コーヒー・カンパニー」の傘下ブランドで、カリヒにある直営カフェは地元住民に親しまれている。

DATA　MAP P088・A-3
住／1555 Kalani St., Honolulu, HI 96817　☎／808-843-4294　営／月〜金曜6:00〜17:00、土曜9:00〜15:00　休／日曜、米国祝祭日

ランキング徹底比較！

総合ランキング
- 5. Coffee Gallery
- 6. Green World Coffee Farm
- 7. Royal Kona Coffee
- 8. Ka'u Coffee Mill
- 9. Aloha Coffee Lab
- 10. Kai Coffee Hawaii

ハワイ在住者ランキング
- 1. Lion Coffee
- 2. Honolulu Coffee Experience Center
- 3. Aikane Plantation Coffee Company
- 4. Island Vintage Coffee
- 5. Aloha Coffee Lab
- 6. Coffee Gallery
- 7. Green World Coffee Farm
- 8. Kai Coffee Hawaii
- 9. Mulvadi Kona Coffee
- 10. Royal Kona Coffee

アロハシャツ

1. Kona Bay Hawaii コナ ベイ ハワイ

ハワイ在住者コメント

「アロハシャツ」と言ってもデザイン、スタイルなど千差万別。できるだけ多く試して、いろいろなスタイルを楽しみましょう。僕の知る限り、コナベイハワイはオーナーのこだわりがダイレクトに感じられるブランド。日本人の体形にもフィットしやすいです。

写真家・Kaz Tanabe Photography代表
田辺 かずとよさん

素材はレーヨン製で着心地抜群。レアなヴィンテージシャツは気に入ったら即買いが鉄則

メイドインハワイにこだわるアロハ

ヴィンテージアロハのコレクターだったオーナーが、経営するアロハシャツ専門店。メイドインハワイにこだわり、本物のヴィンテージとオリジナルの復刻版ヴィンテージのシャツが豊富にそろう。アロハシャツドレスも女性に人気。初心者からヴィンテージマニアまで幅広く楽しめる。

DATA MAP P088・B-2
住／444 Ena Rd, Honolulu, HI 96815
☎／808-223-3390　営／10:00〜18:00　休／なし

---

2. Reyn Spooner レイン スプーナー

ハワイ発祥のアロハシャツ老舗店

伝統的なアイビーリーグのスタイルにオリジナリティーを加え、アロハシャツの品格を高めてきた名店。洗うほどしなやかな肌触りのシャツは着心地がよく、シワになりにくい。柄もトラディショナルからモダンなものまで多彩だ。

DATA MAP P088・A-1
住／1450 Ala Moana Blvd., Shop 2247, Honolulu, Hawaii, 96814　☎／808-949-5929
営／月〜土曜9:30〜21:00、日曜10:00〜19:00　休／なし

3. Sig Zane Designs シグ ゼーン デザインズ

ハワイの自然がモチーフのアロハシャツ

ハワイ島ヒロで生まれた30年の歴史を誇るアロハシャツメーカー。シグ・ゼーン氏が世に送り出すハワイ固有の植物をモチーフにしたデザインは、ハンドカットのカラフルなシルク生地に美しく描かれている。

DATA MAP P083・F-2
住／122 Kamehameha Ave, Hilo, HI 96720
☎／808-935-7077
営／10:00〜17:00
休／日曜

ランキング徹底比較！

総合ランキング

4. 'Iolani
5. Kahala
6. Tori Richard
7. Bailey's Antiques & Aloha Shirts
8. Avanti Shirts
9. Hilo Hattie
10. Rix Island Wear

ハワイ在住者ランキング

1. Reyn Spooner
2. Kona Bay Hawaii
3. Kahala
4. Tori Richard
5. 'Iolani
6. Sig Zane Designs
7. Bailey's Antiques & Aloha Shirts
8. Avanti Shirts
9. Tommy Bahama
10. Rix Island Wear

ウクレレ

111-HAWAII AWARD

1 Kamaka Ukulele カマカ ウクレレ

ハワイ在住者コメント

「カマカ ウクレレ」は2016年に100周年を迎えた、ハワイで一番歴史のあるウクレレ・メーカーです。ジェイク・シマブクロをはじめ多くのハワイ・ミュージシャンが愛用しています。カマカ職人が愛情込めて作るウクレレの音色は、聴く者を魅了します。

JS Entertainment PR
&マーケティング マネジャー
高井 ゆかりさん

ウクレレには9つの異なるスタイルがあり、形や音に特徴がある。特別注文は3〜4カ月待ちだが日本に配送可能

伝統誇るハワイ随一のウクレレメーカー

創業103周年を迎える名門ウクレレメーカー。ジェイク・シマブクロ、クアナ・トレス・カヘレなど一流ミュージシャンも愛用している。ホノルルのパンチボウル地区にある工場兼ショップでは職人が1本1本丁寧に、月300〜400本近く作るが、世界中からの注文で製造が追いつかないという。

DATA　MAP P088・B-4
住／550 South St., Honolulu, HI 96813
☎／808-531-3165　営／8:00〜16:00
休／米国・ハワイ州祝祭日

---

2 Ukulele Puapua ウクレレ ぷあぷあ

初心者からプロまで幅広くサポート

初心者用セットからカマカやコアロハ、マーチンなどハワイ産の一流ウクレレメーカー製までハワイ最大級のセレクションがそろう名店。毎日16時から日米両語で行われる無料レッスンは、子どもからシニアまで幅広い年齢層が集う。

DATA　MAP P086・C-4
住／2255 Kalakaua Ave, Honolulu, HI 96815
☎／808-923-9977
営／8:00〜22:30　休／なし

---

3 KoAloha Ukulele コアロハ ウクレレ

世界中で愛される最高級ウクレレ

「コアロハ（あなたの愛）」の名の通り、工場で一つ一つ愛情を込めて最高品質のウクレレが作られる。ボディは繋ぎ目のない一枚板を使用。王冠を模したロゴデザインや素晴らしい音色で世界のウクレレ好家に高い評価を受けている。

DATA　MAP P088・A-1
住／1234 Kona St., 2F, Honolulu, HI 96814
☎／808-847-4911
営／8:00〜17:00
休／土・日曜、米国祝祭日

ランキング徹底比較！

総合ランキング

4. Ukulele Lab
5. Ukulele House
6. Poe Poe Hawaii Culture Center
7. Ukulele Store
8. Bob's Ukulele
9. Goodguys Music & Sound
10. Island Guitars

ハワイ在住者ランキング

1. Kamaka Ukulele
2. KoAloha Ukulele
3. Ukulele Puapua
4. Poe Poe Hawaii Culture Center
5. Goodguys Music & Sound
6. Ukulele Store
7. Kala
8. Mitsuba Gakki Hawaii
9. Ukulele Lab
10. Ukulele House

Music & Art Festival

2017年開催写真

ハワイの"今"を知りたい人必見！ハワイ専門スポーツ・イベント・エンタメ情報サイト
「Event Islands HAWAII」 http://hawaii-event.com/ja/

JAPAN AIRLINES

ハワイをおトクに楽しむ
「JALOALO（ジャロアロ）カード プログラム」

ハワイのさまざまな加盟店でサービスや特典が受けられるおトクなプログラム。

ハワイ島・オアフ島で利用できます！

JALOALOカード ALI'I（アリイ） JAL ビジネスクラス専用カード
JALOALOカード加盟店に加え、ホテル「ハレクラニ」などの厳選された加盟店で特典が受けられます。

ホテル ハレクラニ（オアフ）
各特典付ご宿泊特別料金

ショップ ブルーミングデールズ（オアフ）
衣料品15％割引＆VIPラウンジ使用可
※諸条件あり

JALOALOカード
ホテル・レストラン・ショップ・サービス・ビューティー・交通・ゴルフなど約200の加盟店で気軽に特典が受けられます。

NEW レストラン カツミドリスシトウキョウ（オアフ）
$50のプレミアムコースご注文で10％割引。
※他クーポンとの併用不可

交通 チャーリーズ・タクシー（オアフ）
空港～ワイキキ片道定額$35（チップ込）
※専用webサイトから要事前予約

ハワイ島も加盟店が充実！！
合計24のレストラン、ショップなどで特典が受けられます！ ※2018年2月現在

ホテル マウナケア・ビーチ・ホテル
12時アーリーチェックイン ※諸条件あり
その他ホテル内レストラン（コッパーバー、マンタ・レストラン、ルアウ）では、ご利用料金より10％割引（フードのみ）。

ショップ UCCハワイ
$20以上ご利用で、UCCハワイ限定コナコーヒーアイスクリームプレゼント！

シャトルバス ロバーツ・ハワイ
コナ散策観光付きホテル送迎（片道）通常$70⇒$65
JL770便利用限定
※専用webサイトからの事前予約が必要です。

※特典は予告なく変更になる場合があります。　※写真はイメージです。　※ホテル、ゴルフ、レンタカー、空港送迎シャトル・タクシー、レンタルWiFiなど一部特典では出発前に事前予約が必要になります。また、一部特典のご利用には諸条件が必要なものがございます。事前予約の方法やその他加盟店・特典内容の詳細は、下記ホームページをご確認ください。

● 対　象　期　間：2018年9月30日まで
● 対象のお客さま：日本ーハワイ線のJAL便をご利用で、対象期間中にオアフ島・ハワイ島に滞在されるお客さま

【JALOALOカード ALI'I】ビジネスクラス個人運賃（Saver, Standard, Semi-Flex, Flex）、ならびにマイル利用によるビジネスクラス特典航空券をご利用のお客さま
【JALOALOカード】プレミアムエコノミークラス個人運賃・エコノミークラス個人運賃（Standard, Flex）、ならびにマイル利用によるプレミアムエコノミークラス・エコノミークラス特典航空券をご利用のお客さま
※パッケージツアー、団体ツアー、および海外発便をご利用のお客さまは対象となりません。

● ご利用方法：対象航空券ご予約後にJALホームページからお申し込みください。
日本出発前に有効期限の入った「JALOALOカード」と「JALOALOカードご利用ガイドブック」を郵送いたします。
届いたカードとご利用ガイドブックは、現地までお持ちください。

oneworld member

詳しくは **www.jal.co.jp/hawaii/**
JALOALO 検索

JAL
明日の空へ、日本の翼

世界にひとつ。あなたにひとつ。

JCBの海外旅行情報サイト『たびらば』には 111-HAWAII Award を受賞したお店で使える優待など、**おトクな情報**が載っています。

111-HAWAI'I Award

たびらばを使って…

詳しくは
http://tabilover.jcb.jp/hawaii/

- ハワイの最新情報を収集しよう!
- お店を検索しよう!
- レストランを事前予約しよう!
- マイガイドで計画を立てよう!

今すぐQRコードにアクセス!▶▶▶

さらに、たびらばの優待情報がアプリで見られる!

無料アプリ

ハワイ旅行をおトクに!
優待情報が満載の
JCBハワイガイド

JCBの優待情報を掲載したオフラインマップ付き無料アプリ。優待店でアプリの優待画面を提示し、JCBカードで支払うと、割引サービスやプレゼントなどが受けられます。

JCBは 111-Hawaii Award のスポンサーです。

111-HAWAII AWARD

DINING

ダイニング

STEAK RESTAURANT
SEAFOOD RESTAURANT
BEST VIEW RESTAURANT
PACIFIC RIM
SUNDAY BRUNCH
FRENCH
ITALIAN
CHINESE FOOD
KOREAN FOOD
VIETNAMESE FOOD
THAI FOOD
MEXICAN FOOD
BAR LOUNGE・CLUB
JAPANESE FOOD
SUSHI
NABE
RAMEN・UDON・SOBA
CAFE
BREAD・SWEETS
HAMBURGER SHOP

ステーキレストラン

1. Wolfgang's Steakhouse
ウルフギャング ステーキハウス

「ポーターハウス・ステーキ」$120.95〜／2人前〜。専用熟成室で仕上げる黒毛のアンガスビーフ

ハワイ在住者コメント

最近人気のドライエイジド（熟成）ステーキを提供する数少ないステーキハウスの一つ。分厚いポーターハウスステーキはやわらかいフィレと、霜降りで肉汁あふれたニューヨークストリップの絶妙なコントラストが最高です。

マーケティング会社社長／グルメ評論家
ショーン・モリスさん

うま味を凝縮した最高級の熟成ステーキ

ニューヨークの名店の味をオシャレして楽しめるステーキハウス。アメリカ農務省（USDA）によって最上級「プライムグレード」に格付けした黒毛のアンガスビーフを28日間かけて熟成した「ドライ・エイジド・ビーフ」は、表面は香ばしく、中はジューシーで驚くほどやわらかい。滞在中、一度は訪れたい。

DATA MAP P087・D-3
住／2301 Kalakaua Ave., Honolulu, HI 96815
電／808-922-3600 営／日〜木曜11:00〜22:30、金・土曜〜23:30 休／なし

---

2. Ruth's Chris Steak House
ルースズ クリス ステーキハウス

ステーキ界の老舗名店で極上の熟成肉を

50年以上の歴史を誇る老舗ステーキハウス。専属農場で時間をかけ育てた最高級牛を独自製法で熟成。肉本来のうま味を内側に閉じ込めるため約980度の特製オーブンで調理する。ステーキは熱した皿で提供されるので、最後まで冷めない。

DATA MAP P086・B-3
住／226 Lewers St. #L-236, Honolulu, HI 96815
電／808-440-7910
営／16:30〜22:00 休／なし

---

3. Hy's Steak House
ハイズ ステーキハウス

キアヴェ炭で焼き上げる最上級ステーキ

ハワイ産のキアヴェを使用した炭火で、肉本来のうま味を引き出すシンプルな味つけとやわらかくジューシーな焼き上がりの最高級熟成ステーキ。熟成させたプライムビーフは注文後にカットし、熟練シェフが丁寧に焼き上げる。

DATA MAP P087・E-2
住／2440 Kuhio Ave., Honolulu, HI 96815
電／808-922-5555
営／17:00〜22:00 休／なし

ランキング徹底比較！

総合ランキング
- 4. Chuck's Cellar
- 5. Tanaka of Tokyo
- 6. Stripsteak Waikiki
- 7. Morton's The Steakhouse
- 8. BLT Steak
- 9. The Signature Prime Steak & Seafood
- 10. Buzz's Original Steak House

ハワイ在住者ランキング
- 1. Ruth's Chris Steak House
- 2. Hy's Steak House
- 3. Wolfgang's Steakhouse
- 4. Morton's The Steakhouse
- 5. Chuck's Cellar
- 6. The Signature Prime Steak & Seafood
- 7. Buzz's Original Steak House
- 8. Tanaka of Tokyo
- 9. BLT Steak
- 10. Stripsteak Waikiki

シーフードレストラン

1. Nico's Pier 38　ニコス ピア38

「ふりかけパンシアードアヒ」$12.95 と「フライドアヒベリー」$12.95

ハワイ近海で獲れた鮮度抜群の魚料理

ホノルル埠頭に面したレストランで、その日水揚げしたの魚介類が食べられると大人気だ。魚市場の隣にあるので、鮮度は抜群。テラス席で風を感じながら、旬のシーフードが味わえる。ノリとゴマをたっぷりまとったアヒステーキは、自家製ジンジャーガーリックソースがやみつきに。

ハワイ在住者コメント

フレッシュなシーフード、開放感のある店内、美しいサンセットビュー。このような、ハワイローカルに長く愛されるお店へツーリストの方にもぜひ行っていただきたいなと思っているので、今回の1位受賞は1ファンとして大変うれしく思います！

Imiloa International Honolulu CEO
立花 一雲さん

DATA　MAP P088・A-3
住／1129 N. Nimitz Hwy. Honolulu, HI 96817
℡／808-540-1377　営／月〜土曜6:30〜18:00、日曜10:00〜16:00(フィッシュマーケット)　休／なし

2. Crackin' Kitchen　クラッキン キッチン

ワイルドに手づかみで食べるシーフード

「ハワイアンケイジャン」がコンセプトのシーフードレストラン。ルイジアナ伝統のケイジャンシーフードに、レッドチリペッパー、カカオ、マウイオニオン、ポテト、スパムなど、ハワイでおなじみの食材にこだわっている。

DATA　MAP P086・C-2
住／364 Seaside Ave, Honolulu, HI 96815
℡／808-922-5552
営／12:00〜23:00
休／なし

3. Chart House Waikiki　チャート ハウス ワイキキ

ヨットハーバー前の特等席で夕日に乾杯

アイランドスタイルのシーフード料理とヨットハーバーに面した眺望が自慢のレストラン&バー。レベルの高い料理で40年以上も人々に愛されている。ローカルミュージシャンのライブ演奏も楽しめる。

DATA　MAP P088・B-2
住／1765 Ala Moana Blvd. Honolulu Hi 96815
℡／808-941-6669
営／月〜木曜17:45〜21:00、金〜日曜17:30〜21:30　ラウンジ:月〜木曜16:30〜24:30、金曜2:00、土曜17:00〜翌2:00、日曜〜24:30　休／なし

ランキング徹底比較！

総合ランキング

4. 53 By The Sea		8. Red Lobster	
5. Raging Crab		9. Lobster King	
6. Uncle's Fish Market & Grill		10. Karai Crab	
7. Azure Restaurant			

ハワイ在住者ランキング

1. Nico's Pier 38		6. 53 By The Sea	
2. Crackin' Kitchen		7. Azure Restaurant	
3. Uncle's Fish Market & Grill		8. Karai Crab	
4. Chart House Waikiki		9. Kickin'Kajun	
5. Red Lobster		10. Michel's at The Colony Surf	

ベストビューレストラン

111-HAWAII AWARD

1. 53 By The Sea フィフティスリー バイ ザ シー

「フィレミニヨン&ロブスター」$71〜81。ワイキキの夜空に浮かんでいるようなロマンチックな2階建レストラン

窓際が指定席！目でも楽しめる絶景レストラン

ハワイの美しさと新鮮なシーフードを満喫できる、オーシャンフロントの白亜のレストラン。新鮮なローカル素材にこだわった、洗練された料理を楽しめる。アラモアナビーチパークをはじめ、ダイヤモンドヘッド、ワイキキの絶景が広がる。特に夕暮れの時間帯は、ロマンチックなひと時が過ごせる。

ハワイ在住者コメント

これ以上ないほどの絶景レストランなので、まだ明るい時間に行くのがおすすめ。まず夕映えの海とダイヤモンドヘッドを見ながらワイングラスを傾けて、デザートの頃にはワイキキの夜景、金曜日なら花火も楽しめます。

メディア・エトセトラ代表
北河 千尋さん

DATA MAP P088・B-4
住／53 Ahui St, Honolulu, HI 96815
☎／808-536-5353　営／月〜日曜ランチ11:00〜14:00、ディナー17:00〜22:00　T's at 53（バー）17:00〜24:00 (LO23:30)　ハッピーアワー16:00〜18:30
休／なし

2. Michel's at The Colony Surf ミッシェルズ コロニー サーフ

ビーチに面した窓際でフレンチを堪能

水平線が目の前に見える、贅沢な景色が人気のフレンチレストラン。地魚やローカル産の食材を使用した、コンチネンタルスタイルのフランス料理を味わえる。カイマナビーチに面した窓際の席は、心地よい風がそよぐ。

DATA MAP P085・E-3
住／2895 Kalakaua Ave, Honolulu, HI 96815
☎／808-923-6552
営／日〜木曜17:30〜21:00、金・土曜17:30〜21:30（イースター、母の日10:00〜13:00）
休／X'mas

3. Mariposa マリポサ

海と緑が見える絶景レストラン

高級デパート、ニーマン・マーカス直営のレストラン。オープンエアのテラス席からは青い海と緑豊かなアラモアナ公園が見渡せる。ハワイ産の食材を生かした見た目にも美しいハワイ・リージョナルキュイジーヌの料理に魅了される。

DATA MAP P088・A-1
住／1450 Ala Moana Blvd. Honolulu, HI 96814
☎／808-951-3420
営／月〜日曜11:00〜21:00、サンデーブランチ〜15:00、ハイ・ティー（日曜） 15:00〜17:00
休／イースター、感謝祭、X'mas

ランキング徹底比較！

総合ランキング
4. Orchids
5. Sky Waikiki
6. Top of Waikiki
7. Duke's Waikiki
8. Hau Tree Lanai
9. Chart House Waikiki
10. Azure Restaurant

ハワイ在住者ランキング
1. 53 By The Sea
2. Michel's at The Colony Surf
3. Orchids
4. Top of Waikiki
5. Azure Restaurant
6. Mariposa
7. Sky Waikiki
8. Hau Tree Lanai
9. The Signature Prime Steak & Seafood
10. La Mer

パシフィックリム料理

1. Roy's Waikiki　ロイズ ワイキキ

アートのように盛り付けた前菜「アヒ&コナカンパチ」と贅沢な魚介類の一皿「シーフードコレクション」

ハワイ在住者コメント

ハワイ地元産の食材を使い、欧米料理をベースに、アジアンテイストを加えたロイズが、パシフィックリム料理というカテゴリーを牽引しはじめて30年。アクセスの良いワイキキ店はまさに、"はずせない"店です。

ラジオDJ・コラムニスト
Reiko T,Rogersさん

ヨーロッパとアジアを独自に融合

パシフィックリム料理の第一人者、ロイヤマグチ氏が手がけるレストランのワイキキ店。生まれ故郷の日本とハワイの料理に親しみ、そこからフレンチの道に進むことで、ヨーロッパとアジアを融合。革新的な料理に、世界中のファンも多い。ハワイリージョナルキュイジーヌを堪能できる。

DATA　MAP P086・B-4
住／226 Lewers St. Honolulu, HI 96815
℡／808-923-7697　営／アペタイザー(ラナイ席)11:00〜17:00、ディナー日〜木曜17:00〜21:15、金・土曜17:00〜21:45　休／なし

2. Alan Wong's Restaurants　アラン ウォンズ レストラン

オバマ前大統領も訪れる超人気店

常識にとらわれず繊細かつ独創的な料理を発信し続けるレストラン。日本人である母から引き継いだ味噌や醤油の隠し味を駆使して、東洋、西洋の調理法を融合。新しい味を生み出すアランウォンの究極の味を求めて、著名人が集う。

DATA　MAP P088・C-1
住／1857 S. King St., 3rd Floor Honolulu, HI 96826
℡／808-949-2526
営／17:00〜22:00
休／感謝祭、元旦

3. Mariposa　マリポサ

アラモアナビーチを望む美食レストラン

スペイン語で「蝶々」を意味する、エレガントなオーシャンビューのレストラン。ハワイと各国の文化や食材を融合させた、パシフィック・リージョナル・キュイジーヌを楽しめる。サンデー・ブランチやハイ・ティーも大人気。

DATA　MAP P088・A-1
住／1450 Ala Moana Blvd. Honolulu, HI 96814
℡／808-951-3420
営／月〜日曜11:00〜21:00、サンデーブランチ〜15:00、ハイティー(日曜)15:00〜17:00
休／イースター、感謝祭、X'mas

ランキング徹底比較！

総合ランキング

4. 53 By The Sea	8. Side Street Inn
5. Asahi Grill	9. Orchids
6. MW Restaurant	10. The Willows Restaurant
7. 12th Ave Grill	

ハワイ在住者ランキング

1. Roy's Waikiki	6. MW Restaurant
2. Alan Wong's Restaurants	7. 12th Ave Grill
3. Mariposa	8. Hau Tree Lanai
4. 53 By The Sea	9. Top of Waikiki
5. Side Street Inn	10. 100 Sails Restaurant & Bar

サンデーブランチ・ビュッフェ　　111-HAWAII AWARD

1 Orchids オーキッズ

ハワイ在住者コメント

格式の高いハレクラニホテル内にあるにも関わらず、豪華なお料理だけでなく、巻き寿司やいなり、煮しめが登場することもあります（そこがハワイ風!!）。水面にキラキラ輝く陽の光を見ながら、ロコと一緒にハワイアンブランチを楽しんでください。

HAWAII WEB TV President
塩沢 淳子さん

「サンデーブランチ」大人：$69、子ども（5〜12歳）：$34（税金、サービス料別）

名門ホテルで優雅なサンデーブランチ

『ホノルルマガジン』誌のグルメアワードで「オアフのベストブランチ」に毎年選ばれるサンデーブランチ。地元産を含め200種類以上の食材を使った料理は圧巻だ。ローストビーフなどの洋食系のほか、寿司や刺身、筑前煮などの和食もある。ダイヤモンドヘッドを望む絶景とともに味わいたい。

DATA　MAP P086・B-4
住／2199 Kalia Road Honolulu, HI 96815
電／808-923-2311　営／朝食月〜土曜（アラカルトのみ）7：30〜11：00、日曜（サンデーブランチ）9：00〜14：30、ランチ11：30〜14：00、ディナー17：30〜21：30
休／なし

2 Hoku's ホクズ

名門ホテルでブランチタイム

コンテンポラリー・アイランド・キュイジーヌで、常にハワイのベストレストランとして高い評価を得ている。日曜だけ最上級のブランチを楽しめる。島の豊かな恵みにシェフの独創性をプラスした料理は種類も豊富。

DATA　MAP P085・F-2
住／5000 Kahala Ave., Honolulu, HI 96816
電／808-739-8760
営／サンデーブランチ9：00〜15：00（最終着席14：00）、ディナー17：30〜22：00
休／なし

3 The Veranda ザ・ベランダ

紺碧の海を前にラグジュアリーな朝食を

「ワイキキのファーストレディ」と称されるモアナ サーフライダー。ホテル内のラナイは、シグニチャーラウンジ「ザ・ベランダ」と呼ばれる。栄養バランスのとれた朝食ビュッフェや優雅な午後のアフタヌーン・ティーを楽しめる。

DATA　MAP P087・E-3
住／2365 Kalakaua Ave., Honolulu, HI 96815
電／808-921-4600
営／朝食ビュッフェ6：00〜10：30、ランチ11：30〜14：30、アフタヌーン・ティー11：30〜14：30
休／なし

ランキング徹底比較！

総合ランキング
- 4. Plumeria Beach House
- 5. Hau Tree Lanai
- 6. Bills Hawaii
- 7. Goofy Cafe & Dine
- 8. Surf Lanai
- 9. The Nook Neighborhood Bistro
- 10. Mariposa

ハワイ在住者ランキング
- 1. Orchids
- 2. Hoku's
- 3. Plumeria Beach House
- 4. The Nook Neighborhood Bistro
- 5. The Veranda
- 6. Bills Hawaii
- 7. Heavenly Island Lifestyle
- 8. Hau Tree Lanai
- 9. The Cheesecake Factory
- 10. Over Easy

フランス料理

111-HAWAII AWARD

1. La Mer ラ メール

きらめく星空とダイヤモンドヘッドを眺めながらロマンチックに過ごしたい

ハワイ在住者コメント

間違いなくハワイベストレストラン。ご予約は海側の席をおすすめします。ソムリエのショーンさんがお料理に合うおすすめのワインを日本語で説明してくださるのもうれしいです。ドレスコードがありますのでオシャレしてお出かけください！

HOMETIQUE社長
さとう あつこさん

ハワイの夜に贅を尽くした極上フレンチ

フォーブス・トラベル・ガイドで最高の五つ星を受賞し、全米自動車協会のレストラン格付けで最高のファイブダイヤモンドをハワイで最も長く獲得し続けているハレクラニのダイニング。彩り豊かで繊細な料理とおもてなしにあふれるサービスに時間がたつのも忘れて至福のひと時が味わえる。

DATA MAP P086・C-4
住／HALEKULANI 2199 Kalia Rd. Honolulu HI 96815
☎／808-923-2311　営／17:30～21:30　休／なし

---

2. Michel's at The Colony Surf ミッシェルズ コロニー サーフ

地元名士も通うフレンチレストラン

海の香りを感じながら最高級フレンチを楽しめる、1962年創業の老舗レストラン。伝統的なフランス料理に、ハワイ産の新鮮な素材を取り入れたオリジナルメニューが美味だ。ワインも種類豊富で、ロマンチックな気分に浸りたい。

DATA MAP P085・E-3
住／2895 Kalakaua Ave., Honolulu, HI 96815
☎／808-923-6552
営／日～木曜17:30～21:00、金・土曜17:30～21:30（イースター、母の日10:00～13:00）
休／X'mas

3. Café Miro カフェ ミロ

日本人シェフによる独創的なフレンチ

フランスやオーストラリア、日本で修業をした小林茂シェフが、素材も味も極めた独創的なフレンチを生み出す。大根やゆず、わさびの和風ソースなどを使い、従来のフランス料理にとらわれないユニークな味にファンも多い。

DATA MAP P085・E-2
住／3446 Waialae Ave., Honolulu, HI 96816
☎／808-734-2737
営／17:30～22:30
休／月曜、独立記念日、感謝祭、元旦

ランキング徹底比較！

総合ランキング
4. Chef Mavro
5. Le Bistro
6. JJ Bistro & French Pastry
7. 53 By The Sea
8. Vintage Cave Honolulu
9. Alan Wong's Restaurant
10. Azure Restaurant

ハワイ在住者ランキング
1. Café Miro
2. La Mer
3. Michel's at The Colony Surf
4. Chef Mavro
5. Vintage Cave Honolulu
6. Le Bistro
7. 53 By The Sea
8. Central Bakery Kahala
9. JJ Bistro & French Pastry
10. Alan Wong's Restaurant

イタリア料理　　　111-HAWAII AWARD

1　Arancino at The Kahala　アランチーノ アット ザ カハラ

ハワイ在住者コメント

ウニのパスタが最高です！また今では定番になっている鉢植えに入ったバーニャカウダは斬新で、とってもかわいいプレゼンテーション！ワイキキの喧騒から離れたカハラホテルの優雅な環境の中で非日常的なひとときを過ごすには最高の場所。ビジネスランチとしても持ってこいのレストランです。

WANDER X WONDER オーナー
鈴木 ヒロトさん

「エビとホタテのタリアテッレ」$26。ぷりぷりのエビとホタテを使ったタリアテッレは必ず試したい逸品

アワード受賞の高級イタリアンを堪能

食のアワード「ハレアイナ賞」を受賞し、ハワイ随一のイタリア料理店として君臨するアランチーノのカハラ店。海辺のリゾートホテル「ザ・カハラ」の1階にあり、優雅なセッティングの中でハイエンドなイタリア料理を楽しめる。セミフォーマルのドレスコードあり。

DATA　MAP P085・F-2
住／The Kahala Hotel &Resort, 5000 Kahala Ave. Honolulu, HI 96816
☎／808-380-4400　営／ランチ11：30～14：30、ディナー17：00～22：00　休／なし

2　Taormina Sicilian Cuisine　タオルミーナ シチリアン キュイジーヌ

素材の質にこだわる本場イタリア料理

フィレンツェとシチリアで修業を積んだ日本人エグゼクティブシェフによる、シンプルかつおいしい本場のイタリア料理を味わえる。ハワイ近海で獲れた新鮮な魚介類やハワイ島のコナシーソルトなど、素材にもこだわりが見える。

DATA　MAP P086・B-3
住／227 Lewers St. Honolulu, HI 96815
☎／808-926-5050
営／日～木曜11：00～22：00、金・土曜11：00～23：00
休／なし

3　Bernini Honolulu　ベルニーニ ホノルル

厳選食材の味が活きる絶品イタリアン

北イタリアで修業を積んだシェフ・松本賢吾氏が「素材本来の味を引き出す」という独自の料理哲学をもとに織り成す本格派イタリア料理の名店。シェフやスタッフが厳しい目で選ぶ高品質の地元素材を使ったメニューの数々に舌鼓を打とう。

DATA　MAP P088・A-1
住／1218 Waimanu St., Honolulu, HI 96814
☎／808-591-8400
営／17：30～22：30　休／月曜

ランキング徹底比較！

総合ランキング

4. Central Bakery	8. Auntie Pasto's
5. Happy Valley Pasta & Pizza	9. Prima
6. Il Lupino Trattoria & Wine Bar	10. Town Restaurant
7. The Cheesecake Factory	

ハワイ在住者ランキング

1. Taormina Sicilian Cuisine	6. Il Lupino Trattoria & Wine Bar
2. Arancino at The Kahala	7. Auntie Pasto's
3. Bernini Honolulu	8. Sabrina's
4. Central Bakery	9. Angelo Pietro
5. Happy Valley Pasta & Pizza	10. California Pizza Kitchen

ハワイで味わう絶品イタリアン

arancino
Ristorante Italiano

アランチーノでは、イタリアの高級素材やハワイの契約農園から直送されるフレッシュな野菜など、シェフ自らが厳選した素材をもちいた"5感に響くイタリアン"を皆様のテーブルにお届けします。3つのアランチーノ、シチュエーションに合わせてお楽しみください。

クオリティの高いイタリアンをリーズナブルに

《 アランチーノ・ディ・マーレ 》

イタリアン・クレープの朝食が楽しめるのは、ワイキキビーチへのアクセスも抜群のディ・マーレ店のみ。最高の一日をスタートするのにピッタリなグルメな朝食をお楽しみください。

℡ ワイキキ・ビーチマリオット・リゾート&スパ1階
℡ 808-931-6273　営 朝食7:00～11:00
　　11:30～14:30／17:00～22:00　休 年中無休

【 朝食、ランチ、ディナー 】

---

arancino on Beachwalk

《 アランチーノ・オン・ビーチウォーク 》

ランチ、ディナーには本場イタリアの味に勝る美食イタリアンをチョイス。アットホームな街角レストランの風情が漂うカジュアル・ダイニングで、大切な人との賑やかなお食事タイムをどうぞ。

℡ 255 Beachwalk Avenue.　℡ 808-923-5557
営 朝食なし／11:30～14:30／17:00～22:00
休 年中無休

【 ランチ、ディナー 】

ハイエンドなイタリアンをワインとともに

arancino at The Kahala

《 アランチーノ・アット・ザ・カハラ 》

特別な日にピッタリ。一流のおもてなしと極上のお料理で皆様をお迎えするファイン・ダイニング。国際ソムリエ協会会長の田崎真也氏が選ぶ、コースやアラカルト料理にベストマッチなワインが楽しめます。

℡ ザ・カハラホテル&リゾート1階　℡ 808-380-4400
営 朝食なし／11:30～14:30／17:00～22:00
休 年中無休　※ドレスコードあり:リゾートカジュアル

【 ランチ、ディナー 】

www.arancino.com/jp 検索

中華料理

111-HAWAII AWARD

1. Fook Yuen Seafood Restaurant
フックユエン シーフードレストラン

ハワイ在住者コメント

ハワイは中華街があることもあり、本格的な味が楽しめます。飲茶なら、チャイニーズカルチュラルセンター内の「Fook Lam」。焼売、ハーガオ（海老の蒸し餃子）など、何を食べてもおいしいです。

Stella Clean President
トシ・サエグサさん

「活ロブスター」1尾 $14.99 と「フライドライス」$11.95〜。マッカリーショッピングセンター2階

ロブスターやアワビで大満足

ロブスターにダンジネスクラブ、アワビ、ハワイの近海魚のウフやクムなど高級魚介類が手頃に食べられる人気中華料理店。メインディッシュを1品注文すれば、活ロブスターが1尾 $14.99 で味わえると、毎晩これを目当てに常連客でにぎわう。

DATA MAP P088・C-1
住／1960 Kapiolani Blvd Ste 200, Honolulu, HI 96826　☎／808-973-0168　営／ランチ11:00〜14:00、ディナー17:30〜翌3:00　休／不定休

2. Kirin Restaurant
キリン レストラン

新鮮なカニを丸ごと一匹豪快に

セレブやローカルに人気の創業32年の老舗中国料理レストラン。2017年秋、ワイキキに移転した。看板メニューの「ブラックビーンズのダンジェネスクラブ」は、卵ソースがマイルドな「タイシャンスタイル」がいち押しだ。

DATA MAP P087・E-2
住／2424 Kalakaua Ave., Suite 103, Honolulu, HI 96815　☎／808-942-1888　営／ランチ11:00〜14:00、ディナー17:00〜22:00　休／なし

3. Beijing Chinese Seafood Restaurant
北京海鮮酒家

地元ファンも多い高級海鮮中国料理店

素材に合わせて上海、広東、四川料理風に調理した高級海鮮中華を気軽に楽しめる。北京ダックを含む8品が楽しめるセットメニューをはじめ、ランチタイム限定の飲茶など本場中国の味を味わえる。

DATA MAP P087・D-3
住／2301 Kalakaua Ave., Honolulu, HI 96815　☎／808-971-8833　営／ランチ（日〜金曜）11:30〜14:45、ディナー（年中）17:00〜22:30　休／なし

ランキング徹底比較！

総合ランキング
4. Panda Express
5. Legend Seafood Restaurant
6. Dew Drop Inn
7. P.F.Chang's
8. Jade Dynasty Seafood Restaurant
9. Little Village Noodle House
10. Lobster King

ハワイ在住者ランキング
1. Fook Yuen Seafood Restaurant
2. Beijing Chinese Seafood Restaurant
3. Dew Drop Inn
4. Legend Seafood Restaurant
5. Kirin Restaurant
6. Jade Dynasty Seafood Restaurant
7. Royal Garden Chinese Restaurant
8. House of Wong Restaurant
9. Chengdu Taste
10. Eastern Paradise Restaurant（東仙閣）

韓国料理

111-HAWAII AWARD

1. Yu Chun Korean Restaurant
ユッチャン コリアン レストラン

「葛冷麺 Black noodle in iced soup」$13.99。麺が辛味とうま味を調和したみぞれ状のタレによく絡む

ハワイ在住者コメント

僕流はまずカルビを頼んでからとりあえずビール。その後、ビビン麺。意外に知られていないオンメン(暖かい麺)、ユッケジャンスープもうまい。辛いイカの炒め物もビールが進みます！会計にチップが含まれている場合があるからご注意！

保険・不動産代理店経営
中村 優介さん

みぞれ状の氷スープに歯ごたえある細麺

韓国人夫婦が切り盛りするアットホームな韓国料理店。いち押しは葛の根を練り込んだ冷麺。麺は韓国から冷凍で直輸入しているそう。シャリシャリした冷んやりスープに弾力性のある冷麺が好相性で絶大な人気を誇る。逆にユッケジャンやプルコギは、熱さと辛さで暑さを制してくれる。

DATA MAP P088・C-4
住／1159 Kapiolani Blvd Honolulu, HI 96814
☎／808-589-0022 営／11:00～22:00 休／なし

2. Me BBQ
ミー バーベキュー

おいしくてボリューム満点の韓国料理

ワイキキのホテル群から近く、朝7時のオープンと同時に夜9時まで1日を通して観光客や地元韓国人が多数訪れる人気の店。カルビやBBQビーフ、ビビンバなど48種のメニューがあり、2人でシェアしてもお腹いっぱいになるほどのボリューム。

DATA MAP P087・E-2
住／151 Uluniu Ave., Honolulu, HI 96815
☎／808-926-9717
営／月～土曜7:00～21:00
休／日曜

3. So Gong Dong Restaurant
ソゴンドン レストラン

ピリ辛熱々の水豆腐スープで一躍有名に

20年を迎える老舗韓国料理レストラン。看板メニューの水豆腐に加え、石焼ビビンバ、焼肉など豊富なメニューと韓国酒もそろう。特に小さな鉄鍋の中でぐつぐつ煮立った「水豆腐(スンドゥブ)」は、一度食べたらやみつきになるおいしさ。

DATA MAP P088・B-1
住／627 Keeaumoku St, Honolulu, HI 96814
☎／808-946-8206
営／10:00～22:00 休／なし

ランキング徹底比較！

総合ランキング

4. Yummy Korean B-B-Q
5. Yakiniku Futago
6. Budnamujip
7. Mikawon Korean Restaurant
8. Sorabol Korean Restaurant
9. Choi's Garden
10. Hyung Jae Restaurant

ハワイ在住者ランキング

1. Yu Chun Korean Restaurant
2. Budnamujip
3. Yakiniku Futago
4. Mikawon Korean Restaurant
5. Choi's Garden
6. So Gong Dong Restaurant
7. Sorabol Korean Restaurant
8. Cho Dang Restaurant
9. Million Restaurant
10. Sura Hawaii

ベトナム料理

111-HAWAII AWARD

1. Hale Vietnam ハレ ベトナム

ハワイ在住者コメント

日本からの友人知人と、滞在中に一度は行く定番のレストラン。名物は「フォンデュ」と名付けられたベトナムしゃぶしゃぶ。ライスペーパーを湯煎して野菜と一緒に包むのがエンタメで、おいしさとともにウケは抜群。揚げ春巻きもほかとは段違いのおいしさです。

HAWAII ROAD CEO
岩瀬 英介さん

「フォー（レアステーキ）」$10.95（M）、$12.50（L）と「インペリアル・ロール」($12.50)

コクのあるスープがクセになるおいしさ

ホノルルの「食の街」と呼ばれ、エスニック系料理店の多いカイムキ地区にあるベトナム料理店。地元客や日本人客にも人気なので夕食時は事前の予約がおすすめ。この店で絶対外せないのはベトナムの麺「フォー（Pho）」。適度な塩味とだしが効いたスープがクセになる。

DATA MAP P085・E-2
住／1140 12th Ave., Honolulu, HI 96816
☎／808-735-7581　営／11:00～21:30
休／水曜、感謝祭

2. Bac Nam バクナム

家庭的雰囲気が人気のベトナム料理店

ベトナム出身の夫婦が切り盛りする店には、名物「蟹カレー」を目当てに日本人観光客が多く訪れる。エビやホタテ、イカが入った「シーフード・フォー」はバジルやもやしを入れてアツアツを食べよう。

DATA MAP P088・C-4
住／1117 S. King St., Honolulu, HI 96814
☎／808-597-8201
営／ランチ11:00～14:30、ディナー17:00～21:00
休／日曜、イースター、独立記念日、感謝祭、X'mas、元旦

3. The Pig and The Lady ザ ピッグ アンド ザ レディ

モダンで美味な新感覚のベトナム料理

NYで修業を積んだシェフが、母親の正統派ベトナム家庭料理を自己流にアレンジ。ファーマーズ・マーケットから始まった店は今やホノルル随一の人気店に。ランチはバインミーがおすすめ。

DATA MAP P088・B-3
住／83 N. King St., Honolulu, HI 96817　☎／808-585-8255
営／ランチ：月～金曜10:30～14:00、土曜10:30～15:00
ディナー：火～土曜17:30～22:00　休／日曜、感謝祭、X'mas、元旦

ランキング徹底比較！

総合ランキング

4. Mai Lan	8. Pho Saigon
5. Pho Bistro2	9. Pho Old Saigon
6. Pho Minh Thu	10. Pho Thinh
7. Pho Bistro	

ハワイ在住者ランキング

1. Hale Vietnam	6. Pho Bistro2
2. The Pig and The Lady	7. Pho Minh Thu
3. Bac Nam	8. Piggy Smalls
4. Mai Lan	9. Golden River Restaurant
5. Pho Saigon	10. Pho Bistro

タイ料理

111-HAWAII AWARD

1 Agalico Waikiki アガリコ ワイキキ

ハワイ在住者コメント

アガリコで絶対に食べたいメニューが「シェイブアイス冷製フォー」。個人的に好きなのは「チキンオーバーライス」。ピリ辛なソースにジャークチキンとバターライスの絶妙なバランスが最高！間違いなくワイキキでNo.1のアジアンダイニングレストラン。

GNO Frontier International LLC社長
有木 健人さん

タイ料理の定番「パッタイ」$14.50と「タイ・クリスピー・チキン」$8

スパイスと隠し味が効いた絶品アジアン料理

日本でも人気を博しているアジアンレストランのワイキキ店。タイやインドネシア、ベトナムの料理をアレンジしたエキゾチックなメニューがそろう。世界中を旅したオーナーが開発したオリジナルスパイスを駆使した料理は個性が光り、盛り付けにも工夫を凝らしている。

DATA　MAP P086・B-2
住／320 Lewers St., Honolulu, HI 96815
☎／808-926-2324　営／17:00〜翌2:00　休／なし

2 Siam Square サイアム スクエア

隠れ家的スポットで本場仕込みのタイ料理

現地の味をそのまま届けるタイ料理は、マイルドから本場の辛さを再現したタイホット、激辛まで5段階から選べる。ココナッツを使った料理は辛さを抑え、しっとりと深みもある。タイビールとともに味わいたい。

DATA　MAP P086・B-2
住／408 Lewers St., #200, Honolulu, HI 96815
☎／808-923-5320　営／11:00〜22:30　休／なし

3 Noi Thai Cuisine ノイ タイ キュイジーヌ

伝統的なタイ宮廷料理をモダンにアレンジ

オバマ前米大統領も訪れただけあって、豪華で品格のあるレストラン。タイの一流ホテルで経験を積んだベテランシェフが、ハワイの新鮮食材をふんだんに使い、伝統の宮廷料理をモダンな一品にアレンジしている。

DATA　MAP P087・D-3
住／2301 Kalakaua Ave., #C308 Honolulu HI 96815
☎／808-664-4039　営／11:00〜22:00　休／なし

ランキング徹底比較！

総合ランキング

4. Phuket Thai	8. Siam Garden Café
5. Chiang Mai Thai Cuisine	9. Thai valley cuisine
6. Bangkok Chef	10. Opal Thai Food
7. Thai Lao	

ハワイ在住者ランキング

1. Siam Square	6. Noi Thai Cuisine
2. Agalico Waikiki	7. Thai Lao
3. Phuket Thai	8. Thai valley cuisine
4. Bangkok Chef	9. Opal Thai Food
5. Siam Garden Café	10. Chiang Mai Thai Cuisine

47

メキシコ料理

111-HAWAII AWARD

1. Buho Cocina Y Cantina
ブホ コシーナ イ カンティーナ

ハワイ在住者コメント

ワイキキの真ん中に位置しているので、ショッピングの合間にマルガリータを飲みながらの休憩がオススメです！ Happy Hourメニューも充実しています。テラス席がたくさんあり、毎週金曜日はお店から花火も見えます。

THE SEA CLOSET スタッフ
裕子 ベイカーさん

おすすめはカウアイ島で獲れた大ぶりのエビを使った人気料理「テキーラ・ガーリック・シュリンプ」24$

ルーフトップで味わう極上メキシカン

ワイキキを見下ろすルーフトップのメキシカンレストランは、清々しさと開放感で抜群の居心地のよさ。カウアイ島のエビなど地産の新鮮な魚介類や農産物でシェフが創作するメニューは、どれも味とプレゼンテーションの質が高いのに値段はリーズナブル。オリジナルドリンクと味わいたい。

DATA　MAP P086・C-2
住／2250 Kalakaua Ave.#525, Honolulu, HI 96815
☎／808-922-2846　営／日〜木曜 11:00〜翌1:00、金・土曜 11:00〜翌2:00　休／なし

---

2. Cholo's Homestyle Mexican
チョロズ ホームスタイル メキシカン

サーファーも愛するメキシコ家庭料理

ハレイワのノースショア・マーケットプレイスに位置し、観光客やサーファーたちで連日にぎわうメキシコ料理店。自家栽培の野菜や新鮮なアヒなど上質な食材を使ったボリュームたっぷりのメキシコ家庭料理が食べられる。

DATA　MAP P089・E-4
住／66-250 Kamehameha Hwy., Haleiwa, HI 96712
☎／808-637-3059
営／月〜木曜、日曜9:30〜21:00、金・土曜9:30〜21:30　休／感謝祭、X'mas

---

3. Maui Tacos
マウイ タコス

マウイ島発祥のお手軽メキシカン

マンゴーやパイナップルをサルサに使うなど、ハワイらしいフレーバーと食材を生かしたカジュアルでおいしいメキシコ料理店。1993年にマウイで生まれ、現在ではオアフ島や米国本土にも多くの店舗を持つ有名店に成長した。

DATA　MAP P086・C-3
住／2233 Kalakaua Ave., Honolulu, HI 96815
☎／808-931-6111
営／10:00〜22:00　休／なし

ランキング徹底比較！

総合ランキング

4. Taco Bell
5. Los Chaparros Mexican Restaurant
6. Chili's Grill & Bar
7. Mexico Restaurant
8. Surf N Turf Tacos
9. Mexico Cantina
10. El Mariachi

ハワイ在住者ランキング

1. Buho Cocina Y Cantina
2. Cholo's Homestyle Mexican
3. Mexico Restaurant
4. Los Chaparros Mexican Restaurant
5. Chili's Grill & Bar
6. Taco Bell
7. Surf N Turf Tacos
8. Encore Saloon
9. Oahu Mexican Grill
10. Alejandro's Mexican Food

バーラウンジ・クラブ

111-HAWAII AWARD

1. Mai Tai Bar マイタイ バー

ハワイ在住者コメント

ワイキキで一番ビーチに近いと言われているオーシャンフロントバー。波の音とダイヤモンドヘッドを見ながら飲むお酒は最高です。特に僕はパイナップルを丸ごとくり抜いたロイアルパイナップルがおすすめです！

Cushman & Wakefield
Chaney Brooks
国際部本部長
袴田 公平さん

「ロイヤル・マイタイ」 $15。マイタイは、定番のロイヤル・マイタイ、アリイ・マイタイなど全部で7種

マイタイブームの火付け役になったバー

太平洋の雄大なパノラマが楽しめるオーシャンフロントのバー。ハワイを代表するカクテル「マイタイ」が味わえる。特に、ロイヤル ハワイアン伝統の「ロイヤル・マイタイ」は、1959年のバー・オープン当時と全く変わらないオリジナルレシピだ。ロマンチックな一時を過ごすには、夕暮れ時がベスト。

DATA MAP P087・D-3
住／2259 Kalakaua Ave, Honolulu, HI 96815
☎／808-923-7311　営／バー10:00～最終着席23:30、ランチ11:00～15:30、ディナー 15:30～23:00
休／なし

2. RumFire ラム ファイヤー

ダイヤモンドヘッドを眺めるラム酒を

オーシャンフロントのバーでは、「ソーシャル・コンフォート・フード（仲間と楽しむ癒やしの食事）」をコンセプトに、100種を超えるラム酒とスペイン風小皿料理タパスが楽しめる。夕刻になるとテラス席のファイヤービットに火が灯される。

DATA MAP P086・C-4
住／2255 Kalakaua Ave, Honolulu, HI 96815
☎／808-922-4522
営／日～木曜11:30～23:30、金・土曜12:00～翌1:00
休／なし

3. Yard House ヤード ハウス

カリフォルニア発のビアレストラン

100種類以上のビール、カクテル、ワインがそろうビアレストラン。約50cmの高さのグラスで登場する名物のハーフヤードグラスや特製の「オニオンリングタワー」で一気にテーブルが華やぐ。大型モニターでスポーツ観戦もできる。

DATA MAP P086・B-3
住／226 Lewers St.,#l148, Honolulu, HI 96815
☎／808-923-9273
営／日～木曜11:00～翌1:00、金・土曜～翌1:20　休／なし

ランキング徹底比較！

総合ランキング
- 4. Sky Waikiki
- 5. Jazz Minds Honolulu
- 6. The Beach Bar
- 7. Lewers Lounge
- 8. Genius Lounge
- 9. Honolulu Beer Works
- 10. Blue Note Hawaii

ハワイ在住者ランキング
1. Sky Waikiki
2. Mai Tai Bar
3. Lewers Lounge
4. Jazz Minds Honolulu
5. Genius Lounge
6. Rum Fire
7. Yard House
8. House Without a Key
9. Bar Leather Apron
10. Bevy

日本料理

111-HAWAII AWARD

1 Sushi Izakaya Shinn 寿司 居酒屋 心

「元気印」$13。ネバネバの野菜を混ぜていただくヒットメニュー

地元日本人が太鼓判を押す寿司居酒屋

おいしい寿司や囲炉裏端でじっくり焼き上げた炉端焼きメニューを、モダンな和空間でいただく日本料理店。和の世界をクリエイティブに仕上げた料理と「心」からのおもてなしで、在住者の心と胃袋を満たしてきた。ホッケや銀鱈の西京焼きなどの居酒屋料理も豊富。広めの座敷もあるので子連れでも安心。

DATA　MAP P088・C-1
住／2065 S Beretania St, Honolulu, HI 96826　☎808-946-7461　営／17:30～23:00　休／日曜

2 Fujiyama Texas フジヤマテキサス

レトロな雰囲気が魅力の串カツ屋

一歩店内に足を踏み入れると、ハワイとは思えない昭和風の日本。肉・魚介・野菜など串カツは30種類を超える。カレーライスや焼きそばもあり、圧倒的なコスパと満足感で幸せ気分になれること間違いなし。

DATA　MAP P088・C-1
住／2065 S King St. Honolulu, HI 96826　☎808- 955-0738　営／月～土曜17:00～24:00 (LO23:00)、日曜17:00～23:00 (LO22:00)　休／火曜

3 Rinka 凜花

本格和食が堪能できる割烹レストラン

ハワイにいながら日本と変わらぬ本格和食を堪能できる割烹スタイルのレストラン。寿司やしゃぶしゃぶ、鍋といった定番和食から旬の食材を使ったオリジナルメニュー、期間限定のコース料理、日替わり料理とバラエティー豊か。

DATA　MAP P088・B-1
住／1500 Kapiolani Blvd., Honolulu, HI 96814　☎808-941-5159　営／ランチ月～土曜11:00～14:00、ディナー17:00～23:00　休／独立記念日、感謝祭、元旦

3 Kaiwa カイワ

見て、食べて楽しむ創作和食に舌鼓

ワイキキのエネルギーとハワイの美しい海、東京の洗練された雰囲気を融合させた、大人の空間を演出するレストラン。ハワイ産の新鮮な食材をできる限り使用し、和をベースに五感に響く極上の料理が提供される。

DATA　MAP P086・B-3
住／226 Lewers St. Honolulu, HI 96815　☎808-924-1555　営／ランチ11:30～14:00、ディナー17:00～23:00　休／なし

ランキング徹底比較！

総合ランキング
- 5. Restaurant Suntory
- 6. Wasabi Bistro
- 7. Yoshitsune
- 8. Imanas亭
- 9. Nanzan Giro Giro
- 10. Sushi Izakaya Gaku

ハワイ在住者ランキング
- 1. Rinka
- 2. Fujiyama Texas
- 3. Sushi Izakaya Shinn
- 4. Kaiwa
- 5. Imanas亭
- 6. Sushi Izakaya Gaku
- 7. Nanzan Giro Giro
- 8. Chiba-ken
- 9. Restaurant Suntory
- 10. Yoshitsune

寿司

111-HAWAII AWARD

1 Katsumidori Sushi 活美登利寿司

ハワイ在住者コメント

ネタの大半を日本から仕入れているにもかかわらず、リーズナブルな値段で提供してくれるので、常にお店はにぎわっています。お寿司はもちろんのこと、こちらのかにみそサラダは絶品です。

ハワイ報知社社長
吉田 太郎さん

大トロ、はまち、いくら、カニ、あわび、うに含め14貫の「横綱」$35と「サーモンちゃんちゃんロール」$9.50

日本の四季の味とハワイの食材の融合

新鮮で質のよい食材を使い、良心的な値段で提供してくれる本格和食&寿司の名店。美しい盛り付けと味、ボリュームに誰もが満足する。会計時に財布に優しいことに驚き、また来店したいと予約するリピーターも多いとか。プリンスワイキキの1階にあり、事前電話をすればテイクアウトもできる。

DATA　MAP P088・B-2
住／100 Holomoana St, Honolulu, HI 96815
℡／808-946-7603　営／11:00～14:00、17:00～22:00　休／なし

2 Up Roll café Honolulu
アップロール カフェ ホノルル

具材をカスタマイズできる"スシブリトー"

ご飯のほか、玄米やキヌア、サラダも選べるスシブリトー。ヘルシーさがローカルからの人気の秘密。トッピングや8種類のホームメイドドレッシングからソースも選んでカスタマイズ注文を楽しんで！今春2号店オープン。

DATA　MAP P088・B-4
住／665 Halekauwi.a St C101, Honolulu, HI 96813
℡／909-475-0099
営／月～金曜9:00～21:00、土・日曜9:00～15:00
休／感謝祭、X'mas、大晦日、元旦

3 Sushi Sho すし匠

江戸前鮨のレジェンドがハワイに登場

2016年、ハワイの寿司業界を震撼させた江戸前鮨の最高峰がオープン。日々ハワイの港に揚がる新しい素材の魚を使い、独創的な鮨を握る天才寿司職人中澤圭二氏。依然として、予約の取れない店として名高く、連日にぎわいを見せる。

DATA　MAP P086・B-2
住／The Ritz-Carlton Residences, Waikiki Beach 383 Kalaimoku St, Honolulu, HI 96815　℡／808-729-9717
営／月～土曜17:00～22:30
休／日曜

👑 ランキング徹底比較！

総合ランキング

4. Kona Kai Sushi	8. Sushi Izakaya Gaku
5. Furusato Sushi	9. Yanagi Sushi
6. Onodera	10. Sushi Ii
7. Doraku Sushi	

ハワイ在住者ランキング

1. Katsumidori Sushi	6. Kona Kai Sushi
2. Up Roll café Honolulu	7. Onodera
3. Sushi Izakaya Gaku	8. Yanagi Sushi
4. Sushi Ii	9. Sushi Murayama
5. Sushi Sho	10. Maru Sushi

鍋料理　　　　　　　　　　　　　　　　　　　　　111-HAWAII AWARD

1. Sweet Home Cafe Waikiki
スイートホームカフェ ワイキキ

ハワイ在住者コメント

家族や友達大勢でたまに行きたくなる鍋屋さんです。何種類もの自家製ソースがおかわり自由で、たっぷりの香草といただくのがやみつきになるおいしさです。スープは、ここでしか味わえないレモングラスと薬膳スープがお気に入りです。

聖ルカクリニック医師
相馬 洋一さん

スープ（1種類=$9.95、2種類=$17.95、3種類=$24.95）、各具材は一皿 $3〜6

風味豊かなスープが特徴の台湾鍋専門店

「自分好みの鍋を自分で作る」が、ロコに人気の「スイートホームカフェ」。キングストリート店に加え、昨年ワイキキに2店目をオープン。こちらは予約できるので安心。注文はスープを選び、具材を好きなだけ冷蔵庫から選ぶ。常時12種類あるつけダレで鍋の味が格段にアップする。

DATA　MAP P086・C-1
住／407 Seaside Ave, Honolulu HI 96815
☎／808-922-7894　営／17:00〜23:00　休／なし

---

2. Ichiriki 一力

体にしみわたる絶品スープ

アラモアナセンター山側に初の鍋専門店を10年前にオープン以来、オアフ島に4店舗を展開する。名物は特製の和紙がアクを吸収して、最後まで透明感のあるスープを味わえる「紙鍋」。しゃぶしゃぶ、ちゃんこ鍋、すき焼きもある。

DATA　MAP P088・A-1
住／510 Piikoi St. Honolulu, HI 96814　☎／808-589-2299
営／日〜木曜11:00〜23:00、金・土曜11:00〜24:00（入店23:00、LO23:30）　休／なし

---

3. Asuka Nabe + Shabu Shabu
飛鳥鍋+シャブシャブ

飛鳥時代の鍋を現代風にアレンジ

日本最古の飛鳥鍋を現代風にアレンジした鍋専門店。寄せ鍋や肉団子鍋、旨辛鍋、パイタン鍋と種類豊富で飽きがこない。10種のスープの中でも、飛鳥時代に食べられたという、ミルクを使った「飛鳥クラシック」を味わってみて。

DATA　MAP P085・E-2
住／3620 Waialae Ave, Honolulu, HI 96816
☎／808-735-6666
営／木〜火曜17:00〜22:00
休／水曜

ランキング徹底比較！

総合ランキング

1. Sweet Home Cafe Waikiki
2. Ichiriki
3. Asuka Nabe + Shabu Shabu
4. Little Sheep Mongolian Hot Pot
5. Hot Pot Heaven
6. Tsukada Nojo
7. Tsukuneya Robata Grill
8. Nabeya Maido
9. めんちゃんこ亭
10. Imanas亭

ハワイ在住者ランキング

1. Sweet Home Cafe Waikiki
2. Ichiriki
3. Asuka Nabe + Shabu Shabu
4. Little Sheep Mongolian Hot Pot
5. Tsukada Nojo
6. Tsukuneya Robata Grill
7. Hot Pot Heaven
8. Imanas亭
9. Nabeya Maido
10. めんちゃんこ亭

ラーメン・うどん・そば

111-HAWAII AWARD

1 Golden Pork Ton-Kotsu Ramen Bar
黄金の豚

「ブラックガーリックつけ麺」$12.75。ブラックガーリックのつけ麺スープに絡み合う麺はコシがあって美味

豚骨ベースの極旨ラーメン店

ハワイのラーメン旋風に参戦し、あっという間にトップクラスの座に躍り出た人気店。日本からシェフを呼び寄せ、店内はモダンジャパニーズを華麗に表現。スープはくどくなくまろやかで、麺が心地よく喉を通るバランスが絶妙。メニューにたくさん並ぶ、うまい日本酒とつまみも試してほしい。

DATA 　MAP P088・C-4
住／1279 S. King St., Honolulu, HI 96814　☎／808-888-5358　営／11:30〜15:00、17:00〜23:30（日曜17:00〜21:30）　休／なし

2 Shingen 心玄

温かいそばも冷たいそばも香り豊か

ワイキキ唯一のそば専門店では、北海道のそば粉を使用した本格的な一杯を味わえる。ホッと一息つきたい時や日本の味を味わいたい時におすすめです。そばはうどんにも変更できるので選択の幅も広がる。

DATA 　MAP P086・B-3
住／255 Beachwalk, Honolulu, HI 96815　☎／808-926-0255　営／ランチ11:30〜15:00(LO14:15)、ディナー17:30〜22:00(LO21:15)　休／なし

3 Marukame Udon 丸亀製麺

熱々がおいしい　行列必至の讃岐うどん

こだわりの日本産小麦粉を使用した自家製麺が日本でも好評のうどん専門店のハワイ店。2011年のオープン以来、開店前から行列ができる盛況ぶりだが、セルフサービス形式なので15分ほどで席につける回転の良さも人気だ。

DATA 　MAP P087・D-2
住／2310 Kuhio Ave, Suite 124 Honolulu, HI 96815　☎／808-931-6000　営／7:00〜22:00　休／なし

3 Agu a Ramen Bistro アグ ア ラーメン ビストロ

ハワイで食べる絶品とんこつラーメン

オアフ島で6店舗を展開し、ワイキキやアラモアナにもあるラーメン店。おすすめの「オリジナルコッテリ」はこってりしているものの、麺によく絡むスープもすすりたくなる。トッピングの追加や辛さの調整ができるメニューもある。

DATA 　MAP P088・C-1
住／925 Isenberg St., Honolulu, HI 96826　☎／808-797-2933　営／日〜木曜11:00〜23:00、土・日曜11:00〜24:00 ※店舗により異なる　休／X'mas、年末年始 ※店舗により異なる

ランキング徹底比較！

総合ランキング
5. えぞ菊
6. ラーメンなかむら
7. ごま亭
8. 稲葉
9. JIMBO
10. 麺屋武蔵

ハワイ在住者ランキング
1. 黄金の豚
2. 心玄
3. Agu a Ramen Bistro
4. 丸亀製麺
5. 稲葉
6. 麺屋武蔵
7. つじ田
8. ごま亭
9. JIMBO
10. 順風ラーメン

カフェ

111-HAWAII AWARD

1. Peace Cafe ピース カフェ

「カツプレート」$13。バナナやケール、デーツ、ヘンプシードなどが入った「スーパーグリーン・スムージー」$7.99

ハワイ在住者コメント

私のおすすめは「Tofu Poke bowl.」。魚なしだと思えないほどボリュームがあり、お腹いっぱいになります。いつもKinako Latteも一緒にオーダーしています。甘さもちょうどよく、お口直しのデザートとして最適です。

建築士
吉田 亜季さん

地球とお腹に優しいヴィーガンカフェ

家族の病気をきっかけに食の安全性に目覚めたオーナーシェフが、オーガニックや地産食品を駆使して、ヘルシーかつ誰が食べてもおいしい料理を創作。ヴィーガンやベジタリアンでなくても楽しめるメニューが多くあり、特に大豆を発酵させて作るテンペを使ったカツプレートがおすすめ。

DATA MAP P088・C-1
住／2239 South King St., Honolulu, HI 96826
☎／808-951-7555　営／月～土曜9:00～20:00、日曜9:00～15:00　休／元旦

2. Bills Hawaii ビルズ ハワイ

オーガニック野菜を使ったヘルシー料理

オーストラリア・シドニー発祥で「ファーム・トゥ・テーブル」のコンセプトを実践するレストラン。ワイキキ店ではオーガニックの野菜や地産の肉など地元の食材を多用したハワイ独特のメニューも多い。

DATA MAP P086・B-3
住／280 Beachwalk Ave., Honolulu, HI 96815
☎／808-922-1500
営／7:00～22:00
休／なし

3. Morning Glass Coffee + Café モーニング グラス コーヒー+カフェ

学生街のカフェでコーヒーブレイク

学生の町マノアにあるかわいらしいカフェ。丁寧に入れるコーヒーはもちろん、ハワイ島産のクラナ・ビーフやノースショアのバナナなど、安全で新鮮な地産食材を多用した軽食メニューがおいしいと評判だ。

DATA MAP P085・D-1
住／2955 East Manoa Rd., Honolulu, HI 96822
☎／808-673-0065
営／月～金曜7:00～16:00、土曜7:30～　休／日曜、独立記念日、感謝祭、レイバー・デー（9月第1月曜日）、X'mas

ランキング徹底比較！

総合ランキング

4. Island Vintage Coffee
5. Honolulu Coffee Company
6. Arvo
7. Bogart's Cafe
8. Goofy Cafe & Dine
9. Café Kaila
10. Heavenly Island Lifestyle

ハワイ在住者ランキング

1. Peace Cafe
2. Morning Glass Coffee + Café
3. Hawaiian Aroma Caffe
4. Cafe Lani
5. Up Roll Café
6. Cake M
7. Bogart's Cafe
8. La Tour Cafe
9. Egghead Cafe
10. 9 Bar HNL

パン・スイーツ

1 Henry's Place ヘンリーズ プレイス

「アイスクリーム」$5.25。ワイキキの脇道にひっそり佇む名店

2 MATCHA Stand MAIKO 抹茶 スタンド 舞妓

果実店の濃厚アイスクリーム

別名"高橋果実店"はその名の通り、1982年創業の果物屋。マンゴーやパイナップルは完熟で食べ頃がそろい、サンドイッチなどの軽食は朝食にぴったり。一番人気は、フルーツのソルベとアイスクリーム。Lサイズのカップすれすれまで入っており、味は濃厚でフルーツそのものを食べているかのよう。

ハワイで味わう濃厚抹茶ソフトクリーム

京都の老舗「播磨園」で栽培されたこだわりの最高級抹茶を使用したソフトクリーム。滑らかな舌触りに加え抹茶の濃厚で芳醇な香りが口いっぱいに広がる。フロートやパフェ、かき氷、ゼリーなどメニューも豊富。

DATA MAP P086・B-3
住／234 Beach Walk, Honolulu, HI 96815　☎／808-772-8822　営／7:00～22:00　休／なし

DATA MAP P087・D-1
住／2310 Kuhio Ave. #143 Honolulu, HI 96815
☎／808-369-8031
営／11:30～21:00　休／なし

3 Kulu Kulu クル クル

高品質な日本式ケーキが大評判

1号店オープンから5周年を迎えたケーキ店。日本やフランス、地元ハワイで製菓修行を積んだ選り抜きのパティシエによる美しくシンプルで甘さ控えめな日本式のケーキが並ぶ。毎月の新作のほか、季節ごとの限定商品も提供。

DATA MAP P088・A-1
住／Shirokiya Japan Village, Ala Moana Center Ewa wing Street Level 1450 Ala Moana Blvd., Suite 1360, Honolulu, HI 96814　☎／808-931-0503
営／10:00～22:00
休／感謝祭、X'mas

4 The Cheesecake Factory ザ チーズケーキ ファクトリー

待ってでも食べたいチーズケーキ

ロイヤルハワイアンセンター内にある有名店。一番人気のオリジナルチーズケーキにイチゴがトッピングされた「フレッシュストロベリーチーズケーキ」は、35年以上も愛されているロングセラー商品。

DATA MAP P087・D-3
住／2301 Kalakaua Ave, Honolulu, HI 96815
☎／808-924-5001
営／月～木曜11:00～23:00（金曜～24:00）、土曜10:00～24:00（日曜～23:00）
休／感謝祭

ランキング徹底比較！

総合ランキング

5. Diamond Head Market & Grill	9. Kamehameha Bakery
6. Liliha Bakery	10. Bakery & Table
7. Banán	
8. Leonard's Bakery	

ハワイ在住者ランキング

1. Kulu Kulu	6. Brug Bakery
2. Bakery & Table	7. Central Bakery
3. MATCHA Stand MAIKO	8. Cafe Lani
4. Cake M	9. Henry's Place
5. La Palme D'or Patisserie	10. JJ Bakery

ハンバーガーショップ　　111-HAWAII AWARD

1　Teddy's Bigger Burgers　テディーズ ビガー バーガー

ハワイ在住者コメント

忘れもしない、初めてテディーズを訪れたときの衝撃。ふかふかのホワイトブレッドに、ジューシーで肉厚なハンバーグパテ、たっぷりの野菜に絶妙なオリジナルソース。私は「オリジナルバーガー」にパイナップルをトッピングするのがお気に入りです。

HAWAII ROAD CEO
岩瀬 英介さん

アボカドがヘルシーな「BACADOバーガー」$12.26 は女性たちに人気

かぶりつくほどにおいしい絶品バーガー

日本進出でも有名になったハワイ発のハンバーガーチェーン。店内は70年代の映画「アメリカン・グラフィティ」を彷彿とさせるカラフルさ。サイズが「Big、Bigger、Biggest」と3段階で表現されユニークだ。肉汁あふれるパテと新鮮な野菜やフルーツをぎっしり挟んだハンバーガーは文句なしの味。

DATA　MAP P088・B-1
住／1646 Kapiolani Blvd.Honolulu, HI 96814
☎／808-951-0000　営／10:00～23:00　休／なし

2　Kua `Aina　クア アイナ

ハレイワ生まれの有名バーガー店

創業1975年のハンバーガー店は、今や東京やロンドンにも支店を持つ世界的ブランド。ハレイワタウンの本店は、ノース独特のリラックスした昔ながらの雰囲気。肉はサイズが2種あり、特に希望がなければ絶妙なミディアムに焼いてくれる。

DATA　MAP P089・E-3
住／66-160 Kamehameha Hwy.Suite C. Haleiwa, HI 96712
☎／808-637-6067
営／11:00～20:00
休／感謝祭、X'mas

3　Cheeseburger In Paradise　チーズバーガー イン パラダイス

アイランドスタイルのハンバーガー

カラカウア通り沿いの開放的で南国ムードたっぷりのハンバーガーレストラン。店のいち押しメニューは店名を冠した「チーズバーガー イン パラダイス」。ボリューミーで肉汁したたるアメリカンバーガーの醍醐味を味わえる。

DATA　MAP P087・F-3
住／2500 Kalakaua Ave, Honolulu, HI 96815
☎／808-923-3731
営／日～木曜7:00～23:00、金・土曜7:00～24:00
休／なし

ランキング徹底比較！

総合ランキング

4. The Counter Custom Built Burgers
5. Honolulu Burger Co.
6. Livestock Tavern
7. Mahaloha Burger
8. Burger King
9. W&M Bar-B-Q Burger
10. Burgers and Things

ハワイ在住者ランキング

1. Teddy's Bigger Burgers
2. Honolulu Burger Co.
3. Burgers and Things
4. The Counter Custom Built Burgers
5. Burger King
6. Kua `Aina
7. W&M Bar-B-Q Burger
8. The Shack
9. Wolfgang's Steakhouse
10. Five Guys Burgers & Fries

www.waikikiparc.jp

ワイキキパークホテルの公式サイトが便利に！

お得な料金で同時に検索予約が可能

『航空券』
＋
『宿泊予約』

『航空券』＋『宿泊予約』3つのポイント

① ワイキキパークホテルの公式ページで
　ホテルと飛行機を同時にお得な料金で予約可能
② リアルタイムな空室、空席、料金を一括で検索表示
③ 航空会社のマイルも通常と同じ分だけ貯まる
　※ 一部のツアー限定運賃は座席クラスに応じて異なります

簡単ステップ

① WEB予約　② 予約完了メール　③ 旅程表発送　④ 旅行当日

検索予約は
こちらから QRコード

ワイキキパークホテル 検索

Waikiki Parc Hotel | 2233 Helumoa Road | Honolulu, Hawaii 96815 | Tel: (808) 921-7272 | www.waikikiparc.jp

ホノルルへは快適仕様のANAで

Aloha

成田から2便、羽田から1便。毎日3便で好評運航中!

2017年9月1日より、ANAはホノルル線全便に最新鋭ボーイング787-9を導入。気温や湿度、空気圧をコントロールした機内環境、LEDによるくつろぎの空間など、長時間のフライトを「快適仕様」でお楽しみください。

BUSINESS CLASS
ビジネスクラスは全席フルフラットシートに

PREMIUM ECONOMY
ワンランク上のプレミアムエコノミーも

日本出発便ではハワイアンメニューを全クラスで

ECONOMY CLASS
エコノミークラスには薄型シートモニター装備

FLYING HONU from SPRING 2019
2019年春、特別デザイン"FLYING HONU"（エアバス A380）就航予定!

●機材や座席仕様、機内食メニューは予告なく変更される場合がございます。写真はすべてイメージです。

www.ana.co.jp

111-HAWAII AWARD

BEAUTY
FASHION

美容・ファッション

SPA・ESTE
NAIL SALON
HAIR SALON
COSMETICS SHOP
CLOTHES・SWIMSUIT
SHOES・SANDALS SHOP
JEWELRY SHOP
SPORTS・SURF SHOP
GIFT SHOP
SUPER・DRUG STORE・COVENIENCE STORE

スパ・エステ

1. Moana Lani Spa モアナ ラニ スパ

オーシャンフロントカップルズスイートでは、二人一緒にトリートメントを受けることができる

オアフ島唯一のオーシャンフロントスパ

モアナサーフライダーウェスティンリゾート&スパ内にあり、ハワイアンスタイルのスパトリートメントが特徴。"ストーン・オブ・アプアケハウ"と呼ばれるトリートメントは特別なヒーリングストーンを使い、ハワイ島に住むマッサージのクム(師匠)がデザインしたここだけの伝統的ロミロミだ。

DATA   **MAP P087・D-3**
住／2365 Kalakaua Ave., Honolulu, HI 96815　☎／808-237-2535　営／8:00~22:00
休／なし

2. Royal Kaila ロイヤル カイラ

アヴェダ製品を贅沢に使う至福スパ

"ピュアな花と植物エッセンスから生まれた美と科学"を実践する、アヴェダの基本概念を受け継いだコンセプトスパ。トレーニングプログラムを習得したセラピストが、癒やしを追求したメニューで心身の健康を導き出してくれる。

DATA   **MAP P085・E-3**
住／2552 Kalakaua Ave. K201, Honolulu, HI 96815　☎／808-369-8089
営／8:00~20:00　休／なし

3. Abhasa Waikiki Spa アバサ ワイキキ スパ

全米第2位に選ばれた名門スパ

ピンク・パレスの名で親しまれ、格式高いホテル「ザ ロイヤル ハワイアン」内にあるラグジュアリーなスパ。2015年には全米2位、ハワイ1位に選ばれた。室内のほか緑に囲まれた屋外のガーデンカバナでも施術を受けることができる。

DATA  **MAP P086・C-3**
住／The Royal Hawaiian, a Luxury Collection Resort, 2259 Kalakaua Ave., #1-A Honolulu, HI 96815　☎／808-922-8200　営／9:00~21:00　休／なし

3. Lomino Hawaii ロミノ ハワイ

出張ロミロミで究極の癒やしを

唯一ハワイ州公認のロミロミスクールが運営するロミロミサービス。熟練日本人女性セラピストが、宿泊先で施術してくれる(ホテル・コンドミニアム出張費無料)。人気は全身の老廃物を流し出すという「デトックスロミロミ」。

DATA  **MAP P086・C-2**
住／334 Seaside Ave. Ste 817, Honolulu, HI 96815　☎／808-741-3534
営／9:00~22:00　休／独立記念日、感謝祭、X'mas、元旦

ランキング徹底比較！

総合ランキング

5. Aloha Hands	9. Spa Halekulani
6. Mandara Spa	10. Noa Elmo
7. Body Massage Clinic Hawaii	
8. Na Ho'ola Spa	

ハワイ在住者ランキング

1. Body Massage Clinic Hawaii	6. Abhasa Waikiki Spa
2. Lomino Hawaii	7. Kuub Cosmetics
3. Royal Kaila	8. Noa Elmo
4. Aloha Hands	9. 'Ai Love Nalo
5. Moana Lani Spa	10. The Spa At Trump

ネイルサロン

111-HAWAII AWARD

1. nail salon ai ネイル サロン アイ

オーナーの黒坂さんはローカルにも絶大な支持を受けるネイリスト。デザインは500種から選べる

ハワイ在住者コメント

白を基調とした清潔で素敵な空間でいつも丁寧にネイルのケアをしてくださるので、かれこれもう5年ほど毎月楽しみに通っています。私のわがままも気持ちよく聞いてくださり、感謝しています。

ラブルネッサンス
マネージャー
みゆきさん

セレブも通うアットホームな隠れ家サロン

白を基調にしたコテージ風サロンは清潔感にあふれる。オーナーはミランダ・カーやパリス・ヒルトンのネイルも担当した、知る人ぞ知る凄腕ネイリスト。ハワイ到着後、疲れた足のマッサージとペディキュアでリラックスできる。キッズメニューもあり、母娘で利用できるサロンとしても人気。

DATA　　**MAP** P086・C-2
住／307 Lewers St. #301, Honolulu, HI 96815
☎808-921-2900　営／9:00〜21:00　休／不定休

2. Naillabo ネイルラボ

ハイビスカスアートの生みの親

ハワイ州の花であるハイビスカスを初めてネイルアートに取り入れたワイキキ初のネイルサロンとあって、日本だけではなく世界各国のファンも多い。今ではカメやレインボーのほか、ハイビスカスアートだけで300種類のデザインサンプルを持つ。

DATA　**MAP** P086・C-4
住／2255 Kalakaua Ave., Honolulu, HI 96815
☎808-926-6363
営／9:00〜23:00　休／なし

3. Pure Nails Hawaii ピュア ネイルズ ハワイ

リーズナブルな価格でロコにも大人気

2007年にオープン以来、毎日朝9時から夜中の24時まで365日営業している。ドン・キホーテ内にあり、買い物や観光帰りでも利用できる。ジェルネイル+ペディキュアが一番の人気メニューで、日本で流行りのデザインを手頃な価格で楽しめる。

DATA　**MAP** P088・B-1
住／801 Kaheka St. Honolulu, HI 96814
☎808-955-1121
営／9:00〜24:00 ※感謝祭、X'masは時間短縮　休／なし

ランキング徹底比較!

総合ランキング

4. Salon Cherie
5. Aqua Nails
6. Nail Salon Koko Hawaii
7. Robin's Egg
8. Nail Zone
9. Azumi Nail
10. Naoko's Nail

ハワイ在住者ランキング

1. nail salon ai
2. Salon Cherie
3. Pure Nails Hawaii
4. Robin's Egg
5. Naillabo
6. Nail Salon Koko Hawaii
7. Nail Zone
8. Naoko's Nail
9. Smiley Nails
10. Adrienne Nails

ヘアサロン

1. SOHO New York Hair Salon
ソーホー ニューヨーク ヘアサロン

ハワイ在住者コメント

先日、ロングヘアをミディアムにカットしてもらいましたが、イメージ通りで大満足です。いつも施術前にカウンセリングをしっかりしてくれるのと金額を必ず提示してくれるので安心です。ハワイで安心して通える美容室ができてとてもうれしいです。

学生
ジャスミンさん

カットやパーマ、カラーだけでなく、頭皮と髪の健康を促すヘッドスパや地肌クレンジングも受けられる

スタイリッシュなヘアスタイルを低価格で

東京やニューヨーク、パリなどで経験を積み、最新のスタイルと日本人の髪質や流行を熟知した一流の日本人ヘアスタイリストが多くそろうヘアサロン。「ファストビューティー」をモットーに手頃な価格で提供するきめ細やかなサービスがハワイ在住日本人に圧倒的な支持を受けている。

DATA MAP P088・B-2
住／Ilikai Hotel, 1777 Ala Moana Blvd., Honolulu, HI 96815　☎／808-944-8000　営／9:00〜19:00　休／なし

---

2. Hinae Salon ヒナエ サロン

日本人スタッフによる質の高い技術

東京・六本木にある美容室のホノルル店。ワイキキ東側の静かなエリアにあり、隠れ家的なサロンでリラックスできる。髪質に合ったカットやアドバイスはハワイ在住日本人やロコにも人気。ウェディング・出張ヘアメイクも行う。

DATA MAP P088・B-2
住／438 Hobron Lane Ste. 220 Honolulu, HI 96815　☎／808-951-5700　営／10:00〜18:00　休／火曜

---

3. Ocean Hair オーシャン ヘア

ハワイ在住日本人が支持する人気サロン

アラモアナホテルの向かいに位置し、東京・青山で長年キャリアを積んだオーナーがオープンした技術とサービスの質が高い人気サロン。約7割が日本人客で、意図をくみ取って仕上げる高い技術にリピーターも多い。

DATA MAP P088・B-1
住／435 Atkinson Dr, 3rd floor, Honolulu, HI 96814　☎／808-312-4825　営／9:00〜19:00　休／日曜、第1・第3月曜

ランキング徹底比較！

総合ランキング
4. Finca Beauty Salon
5. Raiz Salon
6. Axsis Hair
7. K's Hair
8. Men's Grooming Salon SKY
9. Nalu Salon
10. Creave Hair Salon

ハワイ在住者ランキング
1. SOHO New York Hair Salon
2. Hinae Salon
3. Ocean Hair
4. Finca Beauty Salon
5. Axsis Hair
6. K's Hair
7. Men's Grooming Salon SKY
8. Cut Mart
9. Aputipa Hawaii
10. Junya Sakurai Hair Design

コスメショップ

1 Belle Vie ベル ヴィー

ハワイ在住者コメント

店内はセレクトコスメがいっぱい。オリジナル商品「ハワイアン・ボタニカルシリーズ」はまさに自然の恵みの商品！私のお気に入りです。お土産もそろいますが、美しく装う者へとチェンジできます。ここはがんばる自分へのご褒美が見つかる場所です。

エッセイスト・ラジオパーソナリティー
飯島 寛子さん

「ハワイアンボタニカルシリーズ」はオリジナル商品。自然植物成分を主原料に作られている

美容・健康に詳しいスタッフがお出迎え

フランス語で"美しい人生"を意味する店名のように、心も身体もさらに美しく健康に保つことをコンセプトに掲げているコスメショップ。日本未発売やアメリカの専門家たちの間で話題の商品も並び、日本語を話すスタッフが丁寧に商品説明やアドバイスをしてくれるので安心して購入できる。

DATA MAP P086・C-2
住／2250 Kalakaua Ave. Suite #105 Honolulu HI 96815 ☎／808-926-7850 営／10:00～22:30 休／なし

2 Neo Plaza ネオ プラザ

日本未発売品も多くそろう人気店

日本の最新美容情報や流行をキャッチし、ニーズを満たしてくれる女性に人気のコスメショップ。日本の半額以下で手に入るネイルやオーガニック製品も並ぶ。日本語の丁寧な説明が各商品に付いているので安心。

DATA MAP P086・C-2
住／2250 Kalakaua Ave., Suite #103 Honolulu, HI 96815 ☎／808-971-0010 営／月～金曜10:00～22:30、土・日曜14:00～22:30 休／なし

3 SEPHORA セフォラ

フランス発のコスメセレクトショップ

人気のハイブランドから自然素材にこだわったナチュラル系、コスメ大国韓国の商品まで日本未発売のコスメを試し購入できる。日本で買うより格安で、スタッフの丁寧なアドバイスも定評がある。

DATA MAP P088・A-1
住／1450 Ala Moana Blvd #2058, Honolulu, HI 96814 ☎／808-944-9797 営／月～土曜9:30～21:00、日曜10:00～19:00 休／感謝祭、X'mas

---

ランキング徹底比較！

総合ランキング

4. Bath & Body Works	8. Malie Organics
5. Kuub Cosmetics	9. T Galleria By DFS, Hawaii
6. Crush Waikiki	10. Love Renaissance
7. Lanikai Bath And Body	

ハワイ在住者ランキング

1. Belle Vie	6. Bath & Body Works
2. Kuub Cosmetics	7. The Face Shop
3. SEPHORA	8. Island Vintage Organic & Natural
4. Neo Plaza	9. Crush Waikiki
5. T Galleria By DFS, Hawaii	10. MAC Cosmetics

洋服・水着ショップ

111-HAWAII AWARD

1 88 tees エイティーエイティーズ

「オリジナルバッグ」$22、「オリジナルパーカー」$39、「オリジナルTシャツ」$21.99、「オリジナルエプロン」$19

ハワイ在住者コメント

国内外のセレブが愛用していることから、人気に火がついたTシャツショップ。デザインもいろいろあり、お土産にも喜ばれます。コラボ商品や期間限定商品もあるので要Check！

Clarence Lee Design
President & Art Director
山本 訓照さん

ハワイで長年愛されている人気ブランド

ハワイ好きな日本人で知らない人はいない有名アパレル店。メインキャラクターの女の子YAYAをはじめ、デザインTシャツは種類豊富で選ぶのにひと苦労するほど。日本の有名人や人気キャラクターとのコラボレーション商品はお土産にも人気で、デザインの移り変わりも早い。

DATA　MAP P086・B-2
住／2168 Kalakaua Ave #2 Honolulu, HI 96815
TEL／808-922-8832　営／10:00〜23:00　休／なし

---

2 Luwana Hawaii ルワナ ハワイ

リゾートファッションのセレクトショップ

LAとハワイのブランドを中心に扱うセレクトショップ。オーナー厳選のセンスのいいアイテムで、ローカルプライスなものばかり。リゾートウエアの人気ブランド「エスカパーダ」のトップスは色合いが鮮やかで上品なデザインが人気。

DATA　MAP P087・D-1
住／2310 Kuhio Ave #139, Honolulu, HI 96815
TEL／808-926-1006　営／10:00〜22:00　休／なし

---

3 Specialme スペシャルミー

男女共に充実の品ぞろえで人気

サーフィンやビーチからインスピレーションを受けた商品がそろう人気セレクトショップ。シンプルかつハワイらしいオリジナルTシャツは、オンラインストアでも売り切れるほど。男性用から子ども服、お土産品まで充実している。

DATA　MAP P086・B-2
住／2113 Kalakaua Ave, Honolulu, HI 96815
TEL／808-926-5232　営／9:00〜20:00　休／なし

ランキング徹底比較！

総合ランキング
- 4. Turquoise
- 5. Lilly & Emma
- 6. Loco Boutique
- 7. Muse By Rimo
- 8. Pualani Honolulu
- 9. Angels By The Sea Hawaii
- 10. Kona Bay Hawaii

ハワイ在住者ランキング
- 1. Luwana Hawaii
- 2. 88 tees
- 3. Specialme
- 4. Turquoise
- 5. Kona Bay Hawaii
- 6. Lilly & Emma
- 7. Nordstrom Rack
- 8. Mahina
- 9. Oliver
- 10. Fighting Eel

靴・サンダルショップ

111-HAWAII AWARD

1 Island Slipper アイランド スリッパ

ハワイ在住者コメント

1946年に移住した日本人によって作られたアイランド・スリッパ。人気の秘密は何と言ってもその履き心地の良さ。熟練された職人さんによって丁寧に作られたサンダルは、長時間履いてもまったく疲れません。

ハワイ報知社社長
吉田 太郎さん

「クラシック・スエード」$100〜。ヒール付きビーチタウンスタイルは、シンプルながらも上品さが残るデザイン

歩いても疲れない理想のビーチサンダル

1946年創業のハワイ老舗サンダルブランド。ハワイでデザインされ一つ一つ丁寧に現地工場で作られる、正真正銘のメイドインハワイのサンダルである。特徴は何といってもその履きやすさ。ポップな柄から定番のスエード生地のクラシックスタイルまでデザインの種類の多さにも驚かされる。

DATA　MAP P086・C-3
住／2201 Kalakauka Ave Suite #A211 Honolulu, HI 96815　☎／808-923-2222　営／10:00〜22:00　休／なし

2 UGG アグ

不動の人気「元祖ムートンブーツ」

メンズや子どもサイズもそろうハイアットリージェンシーワイキキビーチリゾート店はUGG直営店。在庫や種類は常に豊富にあり、最新デザインも手に入る。ハワイやアメリカ限定のカラーやデザインは、移り変わりも早いので要チェック。

DATA　MAP P087・E-2
住／2424 Kalakaua Ave Suite 107/108 Honolulu, HI 96815　☎／808-926-7573　営／9:00〜23:00　休／なし

3 Sanuk サヌーク

多くのサーファーに愛されるブランド

南カリフォルニア生まれの遊び心たっぷりサヌークのサンダルは、スタイルとカラーの幅広さが特徴。ビーチサンダルからスリッポンタイプまで、花柄模様やスパンコールがついたレディースやキッズ向け商品も充実している。

DATA　MAP P087・E-2
住／2424 Kalakaua Ave #113, Honolulu, HI 96815　☎／808-924-4332　営／9:00〜22:00　休／なし

ランキング徹底比較!

総合ランキング

4. Leather Soul
5. Flip Flop Workshop
6. Popits
7. Pipeline Leather
8. Crocs
9. Kicks
10. Island Sole

ハワイ在住者ランキング

1. Island Slipper
2. Pipeline Leather
3. Sanuk
4. Flip Flop Workshop
5. Popits
6. Island Sole
7. The Walking Company
8. Famous Footwear
9. Aldo
10. Leather Soul

ジュエリーショップ

111-HAWAII AWARD

1. No.8 Jewelry ナンバーエイト ジュエリー

ハワイの自然をモチーフとした「ハワイアンジュエリー」と「インディアンジュエリー」

有名人も通うハワイアンジュエリー店

ハネムーンや親子でおそろいのジュエリーを購入する人、旅行の記念に来店する人などさまざま。オーダーメイドは平日であれば翌日仕上がりなので、短期旅行でも本場でオリジナルハワイアンジュエリーを作ることができる。フィッシュフックネックレスも人気商品。

DATA MAP P086・C-4

住／2255 Kalakaua Ave #7 Honolulu Hi 96815　☎／808-921-2010　営／8:00〜22:30
休／なし

2. 24th Avenue トゥエンティーフォース アヴェニュー

ヒーラーMARIさん厳選のパワーストーン

ヒーラーMARIさんが旅をしながら開拓した海外店の協力により、色、艶、輝き、パワーで最上の石を厳選し買い付けている。ヒーリングに来る人に良くなってほしいとの願いからスタートしたため、値段も良心的。

DATA

※店舗なし（naia、Lil Cutie、Luwana Hawaiiにて取り扱いあり。オンラインでの購入も可）

3. Malulani Hawaii マルラニ ハワイ

世界にひとつだけのブレスレット

世界各国から仕入れた天然石はオアフ島のエネルギースポットで浄化、商品を丁寧にハンドメイドする。生年月日と願い事から算出された天然石で作る「バースデイオーダーブレスレット」は創業当時から人気のフルオーダーメイド。

DATA MAP P088・B-1

住／1750 Kalakaua Ave., Suite 2804, Honolulu HI 96826
☎／808-955-8808
営／10:00〜18:00　休／なし

3. Maxi Hawaiian Jewelry マキシ ハワイアン ジュエリー

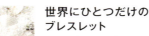

伝統とモダンのコラボレーション

"永遠なる想い"をブランドコンセプトにハワイの伝統的な柄と現代的なファッション性の高いデザインを融合させる。丁寧に彫りが施されたジュエリーはデザインが繊細で上品。価格帯も幅広く、20〜30代の女性の支持が高い。

DATA MAP P086・C-2

住／2250 Kalakaua Ave #109, Honolulu, HI 96815
☎／808-924-9389
営／10:00〜22:00　休／なし

ランキング徹底比較！

総合ランキング

5. LALA Power Stone Company	9. Lono
6. Philip Rickard	10. Pure Stone Shop
7. Maui Divers Jewelry	
8. Kupulau Jewelry & Watches	

ハワイ在住者ランキング

1. 24th Avenue	6. Malulani Hawaii
2. No.8 Jewelry	7. Lono
3. Maxi Hawiian Jewelry	8. Pure Stone Shop
4. LALA Power Stone Company	9. Lani Stone
5. Kupulau Jewelry & Watches	10. Hanalima Waikiki

スポーツ・サーフショップ

111-HAWAII AWARD

1. Surf N Sea サーフ アンド シー

ハワイ在住者コメント

ハレイワの歴史的な建物内にある老舗サーフショップ。CMのBGMがローカルにはおなじみ。サーフィン用品だけでなく、アパレル、アクセサリーなどお店には数多くの商品が所狭しと並んでいます。

日系旅行代理店
セールスマネージャー
河地 史哉さん

Tシャツからスマホケースまでアイテム豊富な「サーファー・クロッシング」のロゴグッズはノース土産に最適

みんなに愛されるノースの老舗サーフショップ

目を引く茶色と黄色の建物がノースショアの顔として親しまれている。1965年から続く老舗サーフショップ。店内にはサーフボードから水着、ウェットスーツのほか、Tシャツなどサーファー系ファッションアイテムやハワイの雑貨が所狭しと並ぶ。サーフィンやダイビングのレッスンも受けられる。

DATA　MAP P089・E-3

住／62-595 Kamehameha Hwy., Haleiwa, HI 96712
℡／808-637-9887　営／9:00〜19:00　休／X'mas

2. Patagonia パタゴニア

人気ブランドのハワイ限定品

地球環境に配慮した製品づくりを進めるパタゴニア。リミテッドエディションである「パタロハ」(Patagonia+Aloha=Pataloha)ではハワイ限定のオリジナルプリントのシャツやワンピース、エコバッグはレアアイテムだ。

DATA　MAP P088・B-4

住／940 Auahi St., Honolulu, HI 96814
℡／808-593-7502
営／月〜土曜10:00〜20:00、日曜〜18:00
休／イースター、感謝祭、X'mas、元旦

3. Surf Garage サーフ ガレージ

サーフ好き必見のサーフショップ

2002年ヴィンテージサーフショップとしてオープン。ドナルド・タカヤマやクリス・クリステンソンなどの有名なロングボード、新品・中古のボードなど豊富な在庫を抱える。短期滞在に便利なレンタルボードもある。

DATA　MAP P085・D-2

住／2716 S King St., Honolulu, HI 96826
℡／808-951-1173
営／月〜土曜10:00〜19:00、日曜11:00〜17:00
休／感謝祭、X'mas、元旦

ランキング徹底比較！

総合ランキング

4. RV's Ocean Sports
5. Quicksilver
6. Roxy
7. Lululemon Athletica
8. Volcom
9. Local Motion
10. Kaion Hawaii

ハワイ在住者ランキング

1. Patagonia
2. Surf Garage
3. Quicksilver
4. Volcom
5. T&C Surf Designs
6. Runners Route
7. Aloha Boardshop
8. Island Triathlon & Bike
9. Lululemon Athletica
10. RV's Ocean Sports

お土産・雑貨店

111-HAWAII AWARD

1. Naia ナイア

「MOCO LIMA HAWAII」の商品を目当てに来店されるお客がいるほどの人気商品。すべて手作りの一点もの

ハワイ在住者コメント

オリジナルTシャツ、雑貨やポーチなど、かわいくてほしくなってしまうアイテムがたくさんあるので、お店のインスタやfacebookをチェックしては通っています♪オーナーのエリコさんは明るく、パワフルな方なのでいつも元気をもらっています。

主婦 古牧 綾さん

アロハなお土産が勢ぞろい

ハワイ語で「naia=イルカ」を意味する。店内は淡い色合いのポーチやバッグ、小物などが多く並ぶ。すべてオーナー自ら選んだローカルデザイナーの商品で、かわいらしいハワイ土産にぴったりなものが見つかる。naiaオリジナルTシャツは鮮やかな海色のロゴで自分用にもおすすめ。

DATA MAP P087・E-2
住／131 Kaiulani Ave Honolulu, HI 96815
☎／808-799-4566　営／11:00～22:00　休／なし

2. ABC Store ABCストア

お土産に買いたいものが全部そろう

お土産や食品類、コスメ、日用品、医薬品までそろうコンビニエンスストア。ハワイ州に全57店舗あり、一部店舗では早朝から深夜まで営業している。コスメ系も最新トレンドものや日本未発売のアイテムなども展開している。

DATA MAP P086・C-3
住／2233 Kalakaua Ave, Honolulu, HI 96815
☎／808-923-2069
営／6:30～翌1:00　休／なし

3. SoHa LIVING ソーハ リビング

ハワイを日本でも味わえるリゾート雑貨

もともとハワイ・ワードで家具屋としてスタートし、今やハワイの雑貨店の代表格とも言える人気店。南国を連想させるリゾート雑貨を多く取りそろえる。クッションや写真フレーム、木製のウォールサインまで幅広くある。

DATA MAP P085・F-2
住／4211 Waialae Ave., Suite 1390, Honolulu HI 96816
☎／808-591-9777
営／月～土曜10:00～21:00、日曜10:00～18:00　休／なし

ランキング徹底比較！

総合ランキング

4. Sand People
5. Lil Cutie
6. Kupulau
7. Shabby Room
8. Moni Honolulu
9. Don Quijote
10. Walmart

ハワイ在住者ランキング

1. Naia
2. Kupulau Jewelry & Watches
3. ABC Store
4. SoHa LIVING
5. Sand People
6. Don Quijote
7. Pineapple County
8. Shabby Room
9. Lilly & Emma
10. Hale Hana Waikiki

スーパー・コンビニ

Whole Foods Market ホール フーズ マーケット

ハワイ在住者コメント

子どもがいるので安心して食べられるオーガニックな食材を買いにいきます。Amazonに買収されて以降、生鮮品などの値下げも大幅にあって在住者にはうれしいです。ここのオリジナルエコバッグはお土産にも喜ばれますよ。

ハワイTVプロデューサー
伊藤 寧章さん

デリやフードバー（1ポンド$8.99、水曜は$7.49）、コーヒー、アサイボウル、ジェラートなどがおいしいカフェも充実

オリジナルグッズも人気の自然食品スーパー

安全でヘルシーな食品を食卓に届けるというコンセプトを持つ大型スーパーマーケット。オアフ島にはカハラとカイルアの2店があり、ワードエリアにも新店がオープン予定。ヘルシーで地球にも優しい食材や生活用品、雑貨が豊富で、エコバッグなどロゴグッズも大人気。

DATA MAP P085・F-2
住／Kahala Mall, 4211 Waialae Ave., Honolulu, HI 96815 ☎／808-738-0820 営／7:00〜22:00 休／X'mas

Longs Drugs ロングス ドラッグス

ハワイ在住者のよろず屋的存在

食品から化粧品、文房具、キッチン用品から薬まで生活必需品が手頃な価格で手に入るドラッグストア。豊富な品ぞろえと営業時間の長さ、ロケーションの良さとディスカウント率の高さで、ハワイ住民にはなくてはならない存在だ。

DATA MAP P086・B-3
住／2155 Kalakaua Ave., Honolulu, HI 96815 ☎／808-922-8790 営／24時間営業 休／なし

ABC Store ABCストア

ハワイ州内最大のコンビニエンスストア

お土産や食料品、コスメ、日常品だけではなく、医薬品の種類も豊富なコンビニエンスストア。ハワイ州に全57店舗もあるので便利。中には深夜までオープンしている店もあるので、お土産の買い忘れや体調不良の時にも安心だ。

DATA MAP P086・C-3
住／2233 Kalakaua Ave., Honolulu, HI 96815 ☎／808- 923-2069 営／6:30〜翌1:00 休／なし

ランキング徹底比較！

総合ランキング

4. Walmart	8. Foodland
5. Down to Earth	9. Food Pantry
6. Target	10. Safeway
7. Don Quijote	

ハワイ在住者ランキング

1. Longs Drugs	6. Foodland
2. Whole Foods Market	7. ABC Store
3. Down to Earth	8. Don Quijote
4. Target	9. Nijiya Market
5. Safeway	10. Times Supermarkets

\\ 雑貨部門1位受賞 //

Naia
-ナイア-

ハワイの可愛いが集まる雑貨の宝箱「Naia」

店名のNaiaはハワイ語で「イルカ」の意味。皆様にゆったりと落ち着いてお買い物を楽しんでもらいたい。という思いから、「癒し」をテーマとした店内には、NaiaオリジナルTシャツ、メイド・イン・ハワイの商品やハワイらしくてかわいいグッズをたくさん取りそろえています。SNSで話題のMOCO LIMAの手作り&一点物バッグやポーチなど、入荷したらすぐに売り切れる程の人気商品を豊富に展開。お気に入りを見つけたら、すぐのご購入をお勧めいたします。

栄えある雑貨部門
1位を受賞

この度111 Hawaii Award様より、雑貨部門で初代1位という光栄な賞を授かり、心より感謝と共に、皆様方のご愛顧にお応えできます様に、今後ともベストを尽くしてまいります。癒しと笑いと共に皆様のお越しを心よりお待ちしております。
Naia Eriko

Naiaのオススメ
手作りパワーストーン

ヒーラー・マリの手作りパワーストーンも取り扱っております。悩みや問題を相談すれば良い方向に導いてくれるというクチコミが広がり、年齢性別を問わずロコやスポーツ選手、芸能人にもファンは多数。パワーストーンの特別オーダーやヒーリングセッションも可能です（要予約）。

SHOP DATA
キングス・ビレッジ2階
(808) 799-4566
11:00〜22:00
年中無休

JAPAN AIRLINES

リゾートショッピングの、もうひとつの楽しみ
ホノルルのDFS2店舗で、JALのマイルがたまります。

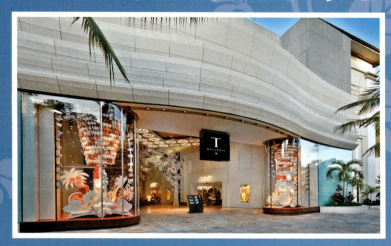

3 US Dollars = 1 Mile

3ドルのお支払いごとに1マイルたまります

購入レシートおよびJMBカードまたはJALカードを下記店舗へ
お持ちのうえ、マイル積算希望の旨をお申し出ください。

Tギャラリア ハワイ by DFS	3Fコンシェルジュデスク
DFSダニエル・K・イノウエ国際空港店	メインコンコース ウォッチショップ

詳しくは JMB DFS 🔍検索

明日の空へ、日本の翼

クルマ売り買いおトク!!
カーセブン

買取価格が **高い!**
販売価格が **安い!**

出張査定が **無料!**
簡単
遊びに来てね!

イメージキャラクター 小倉 優子

クルマを売るのも買うのもオトクなカーセブン

カーセブンは
ダイレクト販売だから
売っても、買っても、お得なのです!!

年間販売実績!
176,000 台

だから **高く買い取れるのです!**
だから **安く販売出来るのです!**

カーセブングループの新車・中古車合計の年間販売台数
（カーセブン本部調べ）

お電話でも愛車査定受付中!

コールセブン　ゴートゥーセブン
0120-567-527

朝9時〜夜8時　平日・祝祭日OK!　携帯からもOK!

アクセスしてね!
イメージキャラクター 小倉 優子

ホームページでもおトクがわかります。

検索は カーセブン 検索

http://567527.com

当社は個人情報の取扱いが適正に行われていることを認定する「プライバシーマーク」を取得しています。
10570005(05)

さらに充実したカーセブンだけの「安心宣言」

お約束1
いかなる場合でも
ご契約後の減額は
一切しません

お約束2
ご契約車両のお引き渡し日から
7日間まで
キャンセルできます

お約束3
ご契約金の一部は
当日中に前払いします
※5万円を上限に、ご契約金額の10%をお振込します。

お約束4
ご来店の必要はありません
お電話1本で
キャンセルできます

お約束5
ご契約後でも
キャンセル料は
一切かかりません

注：ご契約内容や特殊なケースの場合、適用されない場合がございますので、詳しくは担当スタッフにご確認ください。

111-HAWAII AWARD

ACTIVITY

アクティビティー

ENGLISH CONVERSATION SCHOOL
GOLF COURSE
BEACH
TREKKING COURSE
OPTIONAL TOUR

英会話学校　111-HAWAII AWARD

1. Hawaii Palms English School
ハワイ パームス イングリッシュ スクール

ワイキキビジネスプラザ7階にあり、年間通じて約700名の生徒が入校。ホームステイやコンドミニアムの手配も行う

ハワイ在住者コメント

ハワイでロミロミマッサージのライセンス取得の勉強をしながらハワイパームスイングリッシュスクールに通い実践英会話を学んでいます。とにかく楽しい!!ハワイの自然に癒やされてパームスの皆さんに癒やされてI'm very happy！Leanings is fun!!

学生
ケイコ・イシダさん

ハワイを満喫しながら語学留学
ワイキキの中心というベストロケーションのため、旅行でも短期間で参加できる1日1回のチケット制のクラスからビザ免除で最長12週間まで受講できる英語集中コースまで、幅広くハワイ留学をかなえてくれる。中でも期間限定のキッズ＆ティーンズプログラムはリピーター率が高い。

DATA　MAP P086・C-2
住／Waikiki Business Plaza 2270 Kalakaua Ave, Suite 711 Honolulu, HI 96815
☎／808-922-3535
営／月〜木曜8:00〜17:00、金曜10:00〜16:00
休／土・日曜、祝日

2. Institute of Intensive English
インスティテュート オブ インテンシブ イングリッシュ

ハワイでここだけ 国籍ミックスポリシー
メインコースで国籍制限（同一国籍50%以下）を実施。より良い学習環境を提供するためのユニークな制限で、国際的な雰囲気の中で学べる。カピオラニコミュニティカレッジへの条件付き入学ができるプログラムも人気。

DATA　MAP P086・B-3
住／2155 Kalakaua Ave. Suite 700 Honolulu, HI 96815
☎／808-924-2117
営／8:00〜17:00
休／土・日曜、祝日　※12月のX'masを含む1週間

3. Global Village English Centres
グローバル ビレッジ イングリッシュ センターズ

本気で学び 本気で遊ぶ学校
少人数で国際色豊かなクラス編成、講師のフィードバック、初級から上級まで8段階のレベル別レッスンが特徴。生活環境やアクティビティで学ぶ文化的要素や娯楽も質の高い言語取得につながると考え、総合的にアシストしてくれる。

DATA　MAP P088・B-1
住／1440 Kapiolani Blvd #1100, Honolulu, HI 96814
☎／808-943-6800
営／8:00〜17:30
休／土・日曜、祝日

ランキング徹底比較！

総合ランキング
1. Hawaii Palms English School
2. Hawaii English Language Program
3. Global Village English Centres
4. Hawaii English Language Program
5. University of Hawaii NICE Program
6. Kapi'olani Community College
7. Central Pacific College
8. Intercultural Communications College Hawaii
9. ELS Language Centers Honolulu
10. Academia Language School

ハワイ在住者ランキング
1. Hawaii Palms English School
2. Hawaii English Language Program
3. Global Village English Centres
4. Institute of Intensive English
5. ELS Language Centers Honolulu
6. Academia Language School
7. University of Hawaii NICE Program
8. Kapi'olani Community College
9. Central Pacific College
10. Intercultural Communications College Hawaii

ゴルフ場　　　　　　　　　　　　　　　　　　　　　　111-HAWAII AWARD

1. Kapolei Golf Club　カポレイ ゴルフ クラブ

ハワイ在住者コメント

このきれいなリゾートコースにいると、私でもハワイの良さを再認識します。戦略性の富んだコースでよく管理されています。カートでドリンクを売りに来るので、皆ビールは手放せませんし、スパムむすびもおいしいです。

くじら倶楽部代表取締役社長
中山 孝志さん

フラットで、フェアウェイは広く、美しいコースは整備が行き届き快適なリゾートゴルフが楽しめる

テッド・ロビンソン設計の上級コース

　1994年にオープン。"水の魔術師"と称されるテッド・ロビンソン設計のコースで知られる。絶妙な場所にバンカーや池が配置されており、上級者でも楽しめる。全ホールでグリーン、ティーショットしたボールの落下位置をティーグランドから確認できる。全カートにローマ字表記のGPS付き。

DATA　　　MAP P082・B-3

住／91-701 Farrington Hwy., Kapolei, HI 96707
電／808-674-2227
営／6:00〜21:30 ※曜日で異なる　休／なし

2. Ko Olina Golf Club　コ オリナ ゴルフ クラブ

ハワイのリゾートゴルフを楽しむ

　グリーンメンテナンス、コースレイアウト、スタッフの対応どれをとっても気持ちよくプレイできるリゾートゴルフ場。18ホールは難易度の高いホールで、トーナメントコースとしても有名なだけに中級・上級者も満足できる。

コースは全体的にフラットだが、段差のあるグリーンが多く平行に並んだフェアウェイは一つもない

DATA　　　MAP P082・A-3

住／92-1220 Ali'inui Dr, Kapolei, HI 96707
電／808-676-5300
営／10月15日〜3月14日：6:30〜19:00、
3月15日〜10月14日：6:00〜19:00
休／エアレーション実施日

ランキング徹底比較！

総合ランキング

3. Waialae Country Club
4. Hawaii Kai Golf Course
5. Francis H Ii Brown Golf Course South Course
6. Waikoloa Beach Resort Golf Kings' Course
7. Kapalua Golf -The Plantation Course
8. Hoakalei Country Club
9. Princeville Makai Golf Club
10. Pearl City Country Club

ハワイ在住者ランキング

1. Kapolei Golf Club
2. Ko Olina Golf Club
3. Pearl City Country Club
4. Francis H Ii Brown Golf Course South Course
5. Hoakalei Country Club
6. Waialae Country Club
7. Kapalua Golf -The Plantation Course
8. Oahu Country Club
9. Mamala Bay Golf Course
10. Ala Wai Golf Course

ビーチ　　　　　　　　　　　　　　　　　　　　　　　　　　　　　111-HAWAII AWARD

1　Lanikai Beach　ラニカイ ビーチ

ハワイ在住者コメント

小さな島であるオアフ島も、東西南北へドライブで巡ると、各所で山や空の色、そして海の色も違うことに気づきます。中でも海の色がダントツにきれいなのが「ラニカイビーチ」。砂浜の色がとても白いので、海の青色がさらに引き立つのかもしれませんね。

ライトハウスハワイ編集長
亀井 由美子さん

このビーチでしか見られない透明度抜群の海と白砂の美しさ。カイルアタウンから自転車で来る観光客も多い

白砂と透明な水が美しい全米NO.1ビーチ

オアフ島東部カイルアの高級住宅地ラニカイにあるマリンブルーの透明な水が美しいビーチ。全米NO.1にも選ばれた白浜のビーチへは、住宅の間にある小道を通ればたどり着ける。マリンスポーツも盛んで、沖に浮かぶ2つの島モクルア・アイランズへカヤックで出掛ける人も多い。

DATA　 MAP P089・F-1
住／Mokulua Drive, Kailua, HI 96734

2　Waimanalo Beach　ワイマナロ ビーチ

のんびり過ごせる東海岸の美しいビーチ

カラニアナオレ・ハイウェイ沿いにあり、コオラウ山脈を望むビーチパークがある美しいビーチ。観光地域ではないため人も少なく、人気が急上昇中。キャンプ場やトイレ、シャワー、ライフガードタワーも完備している。

DATA　MAP P082・C-3
住／Waimanalo Beach Park, 41-741 Kalanianaole Hwy., Waimanalo, HI 96795

3　Kailua Beach　カイルア ビーチ

マリンスポーツが盛んな白砂のビーチ

おしゃれなビーチタウン、カイルアの人気ビーチ。カヤックやカイトサーフィン、ウインドサーフィンなどのマリンスポーツを楽しむ人も多い。大きなビーチパークにはトイレやシャワー、遊歩道、ライフガードの施設も整っている。

DATA　MAP P089・E-1
住／Kailua Beach Park, Kawailoa Road, Kailua, HI 96734

ランキング徹底比較！

総合ランキング

4. Waikiki Beach	8. Bellows Field Beach
5. Ala Moana Beach	9. Hanauma Bay
6. Hapuna Beach	10. Sunset Beach
7. Ko Olina Lagoon	

ハワイ在住者ランキング

1. Lanikai Beach	6. Kaimana Beach
2. Waimanalo Beach	7. Ko Olina Lagoon
3. Kailua Beach	8. Sunset Beach
4. Bellows Field Beach	9. Sandy Beach
5. Ala Moana Beach	10. Mokuleia Beach Park

トレッキング

111-HAWAII AWARD

1 Kaiwa Ridge Trail（Lanikai Pill Box）
カイヴァ リッジ トレイル（ラニカイ ピル ボックス）

ハワイ在住者コメント

片道約30-40分で「これぞハワイ!!」というような真っ青な空、エメラルドグリーンの海の景色が楽しめます。少し急な部分もありますが、家族連れにもおすすめです。日陰がほとんどないので、日焼け対策、水分補給はしっかりと。

ハワイ報知社社長
吉田 太郎さん

入口のサインや他のハイカーを頼りにすれば安心。頂上から見るラニカイビーチ一帯の美しさはまさに圧巻！

ラニカイビーチを見下ろす絶景トレイル

ラニカイの住宅地をスタートするトレイルは、終点にコンクリートの建物があり別名「ピルボックス」とも呼ばれる。片道30分程度だが、急斜面で砂や岩場も多く滑りやすい。終点では見渡す限りマリンブルーのラニカイビーチと沖に浮かぶモクルア・アイランズの絶景が広がる。

DATA MAP P089・F-1
住／Kaelepulu Drive, Kailua, HI 96734

2 Diamond Head Summit Trail
ダイヤモンドヘッド サミット トレイル

ワイキキの絶景が360度望めるトレイル

頂上まで25～30分程度だが、道が細く岩場や急な階段もあり、スニーカーを履き懐中電灯持参で臨みたい。夜明け前に出発し頂上で朝日を拝む時間帯が最も人気。ハワイ州立公園で徒歩は1人1ドル、乗用車は1台5ドルの入場料が必要。

DATA MAP P085・E-3
住／Diamond Head State Monument, Diamond Head Road, Honolulu, HI 96816
営／6:00～18:00（入場～16:30）休／なし

3 Makapu'u Point Lighthouse Trail
マカプウ ポイント ライトハウス トレイル

景観抜群の初心者向けトレイル

州立公園内にある片道約30分の初心者向けトレイル。マカプウ一帯はクジラの保護区域で、冬には展望台からクジラの姿が見えることも。頂上にある赤い屋根のマカプウ灯台（1909年建設）からはワイマナロの海と白砂のビーチを見渡せる。

DATA MAP P082・C-3
住／Kaiwi State Scenic Shoreline, Kalanianaole Hwy, Waimanalo, HI 96825

ランキング徹底比較！

総合ランキング

4. Manoa Falls Trail	8. Maunawili Falls Trail
5. Koko Crater Railway Trail	9. Hanauma Bay Trail
6. Ka'ena Point Trail	10. Kilauea Iki Trail
7. Kuliouou Ridge and Valley Trail	

ハワイ在住者ランキング

1. Makapu'u Point Lighthouse Trail	6. Kuliouou Ridge and Valley Trail
2. Kaiwa Ridge Trail	7. Maunawili Falls Trail
3. Diamond Head Summit Trail	8. Hanauma Bay Trail
4. Manoa Falls Trail	9. Pu'u Ma'eli'eli Trail
5. Koko Crater Railway Trail	10. Ka'ena Point Trail

77

オプショナルツアー

111-HAWAII AWARD

1 Dolphins and You ドルフィン アンド ユー

ハワイ在住者コメント

数あるオプショナルツアーの中でどれか一つ選べと言われたら、野生のイルカと泳ぐ、このツアーを選びます。イルカと泳ぐ体験は言葉にできないくらいすごい感動があります。またクルーのホスピタリティがすごく、絶対楽しいおすすめツアーです。

HUNDRED DREAMS代表
内田 直さん

「ドルフィンアンドユー野生のイルカと泳ぐツアー」$156〜。日本語の話せるスタッフが同行するため安心

ハワイの海で野生のイルカと泳ごう

"エホマイ"と呼ばれる、安全で楽しい旅になるように海の神様にお祈りする儀式から始まるツアーは、晴天率が高いオアフ島西海岸からスタートする。スノーケリングや運が良ければウミガメと泳ぐこともでき、ランチにはナチュラルビーフのチーズバーガーが付いてくる盛りだくさんなツアーだ。

DATA MAP P086・C-2
住／307 Lewers St., Suite 401 Honolulu, HI 96815
電／808-696-4414　営／9:00〜18:00
休／なし ※ツアーはホノルルマラソン開催日

2 Captain Bruce Kaneohe Sandbar キャプテンブルース 天国の海ツアー

息を呑むほど美しいサンドバーを体験

フラの女神の聖地であり、ヒーリングスポットでもあるカネオヘ湾のサンドバーを歩けるツアー。コオラウ山脈を背景に、紺碧の海に浮かんでいるような浅瀬の白い砂と透明な水はまさに「天国の海」。スノーケリングも楽しめる。

DATA MAP P086・C-2
住／Waikiki Shopping Plaza #404-3, Honolulu, HI 96815
電／808-922-2343
営／9:00〜19:00
休／オフィス：なし、ツアー：日曜、米国祝祭日

3 Washin Air ワシン エア

機長席に座って夢のセスナ操縦

初心者でも飛行機操縦体験ができるツアー。2つのコースと2種類の飛行機から選択でき、日本人教官が隣にいるので安心。オアフ島の名所を飛行する遊覧飛行や米連邦航空局が発給する飛行機免許取得が可能なフライトスクールもある。

DATA MAP P084・A-3
住／112 Nakolo Place Honolulu, HI 96819　電／808-836-3539
営／8:00〜18:00　休／なし

ランキング徹底比較！

総合ランキング

- 4. Hawaii Experiences
- 5. Masashi's Nature School
- 6. Chameleon Travel Club
- 7. Taikobo Hawaii
- 8. Blue Wave Tour
- 9. Diamond Head Club
- 10. Aloha Aina Eco-tours

ハワイ在住者ランキング

- 1. Dolphins and You
- 2. Captain Bruce Kaneoha Sandbar
- 3. Hawaii Experiences
- 4. Washin Air
- 5. Aloha Aina Eco-tours
- 6. Kualoa Ranch
- 7. Sea Hawaii Eco Marine Tours
- 8. Ike's Hanauma Bay Tours
- 9. Masashi's Nature School
- 10. Blue Hawaiian Helicopters

マップアプリでハワイ散歩が楽しい

111ハワイ・アワード MAP

 旅行時のいざという時に安心

グループを作って友達や家族とGPS共有しておくと、マップ上でチャットができる！
別行動やはぐれた時の合流がカンタン・便利・安心！

友達といっしょに
グループを作ってGPS共有しておけば、みんなが今どこで何しているかがマップで一目でわかるよ♪

楽しく伝えよう
100種類以上の「着ぐるみ」を着替えて、「今何してる？」を楽しく伝えられる！

安心して使える
GPSのON/OFF機能や、プライバシー機能が豊富だから安心して使えちゃう♪

☀ 掲載店舗 150 店以上 ‼ ☀

111ハワイ・アワード受賞店舗やその他おすすめショップ情報がマップでみれる！マップ上に表示される近くのアイコンをタップしてお店の詳細情報をチェック！

Copyright Drecom CO., Ltd. All Rights Reserved.

スパ/エステ（マッサージ含む）
全米第2位に選ばれた名門スパ
Abhasa Waikiki Spa(アバサ ワイキキ スパ)
ピンク・パレスの名で親しまれ、気品と風格で観客にあふれる格式高いホテル「ザ ロイヤル ハワイアン」内にあるラグジュアリーな雰囲気のスパ。2005年は全米2位、ハワイ1位に選ばれたという賞と評価のある名門。施術は落ち着いたインテリアが素敵な室内、または風のそよぎを感じるガーデンパティオで受けることができる。ゆったりとした雰囲気を楽しみながら、心も体も癒される♪
[営業時間] 9時〜21時 [定休日] 無休

バー/ラウンジ/クラブ
マイタイブームの火付け役になったバー
Mai Tai Bar(マイタイ バー)
太平洋の煌めきハワイ・ワイキキの優雅なオーシャンフロントの中、ここはハワイを代表するホテル「ロイヤル ハワイアン」伝統の「ロイヤル・マイタイ」は、1959年のバー・オープン当時と全く変わらないオリジナルレシピ。ロマンチックな一時を過ごすには、夕暮れ前に訪れるのがベスト。ハワイ最高の思い出になるはずです。
+1 808-923-7311
バー10時〜最終着席23時30分 ランチ11時〜15時30分 ディナー15時30分〜23時

スーパー/ドラッグストア/コンビニ
ハワイ州内最大のコンビニエンスストア
ABC Store(ABCストア)
お土産や食料品、コスメ、日常品だけではなく、医薬品や簡単な軽食のコンビニエンスストア。楽しいハワイ旅行には欠かせないため、店舗数も多くワイキキ内だけでも多数あるので便利。中には深夜までオープンしているお店もあるので安心。
+1 808-923-2069
6時30分〜翌1時 年中無休
57店舗（ハワイ州内）
Credit card : Visa, JCB, Master, Discover,

友達や家族がどこにいるかわかる位置情報アプリ **無料**

※歩きながらのスマートフォン操作は危険です。必ず立ち止まって操作をしてください。
※ハワイ州では、歩行者がスマートフォンやデジタルカメラなどの携帯電子機器を見ながら、道路や高速道路を横断することを禁じております。必ず立ち止まって操作してください。
※アプリはGPSを使用しているため、地下などでは位置情報を取得しづらい可能性があります。
※Wi-FiをONにしていただくと、位置情報の精度があがります。
※111ハワイ・アワードマップの実施期間：111ハワイ・アワード本出版日〜111ハワイ・アワード2018 投票終了日まで（実施期間や企画内容は予告なく変更になる可能性があります。）

Supported by
"ハワイはサイコー"な人達の情報サイト

https://hawaii-nokaoi.com/

111ハワイ・アワードマップのお問い合わせ先：https://hawaii-nokaoi.com/contact

VIPスポンサー

スポンサー

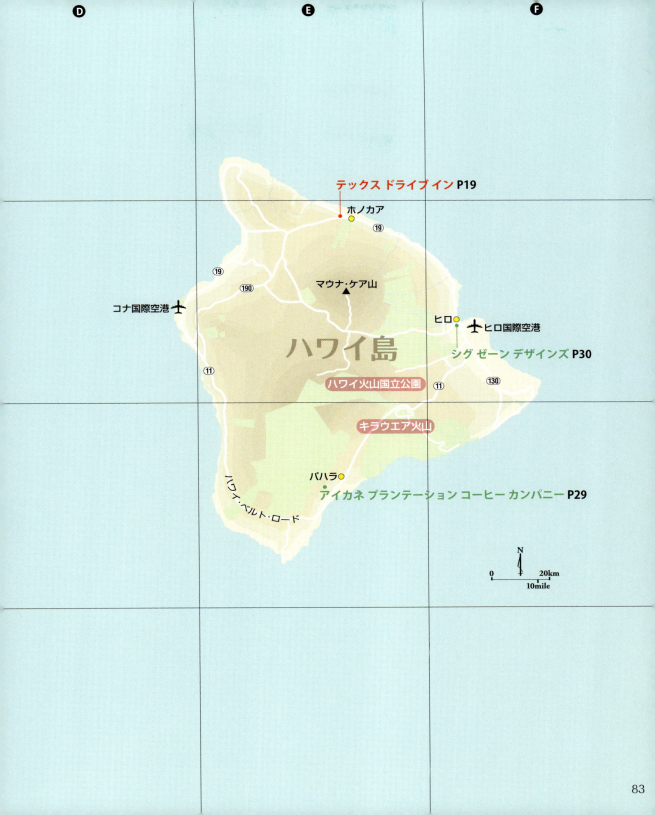

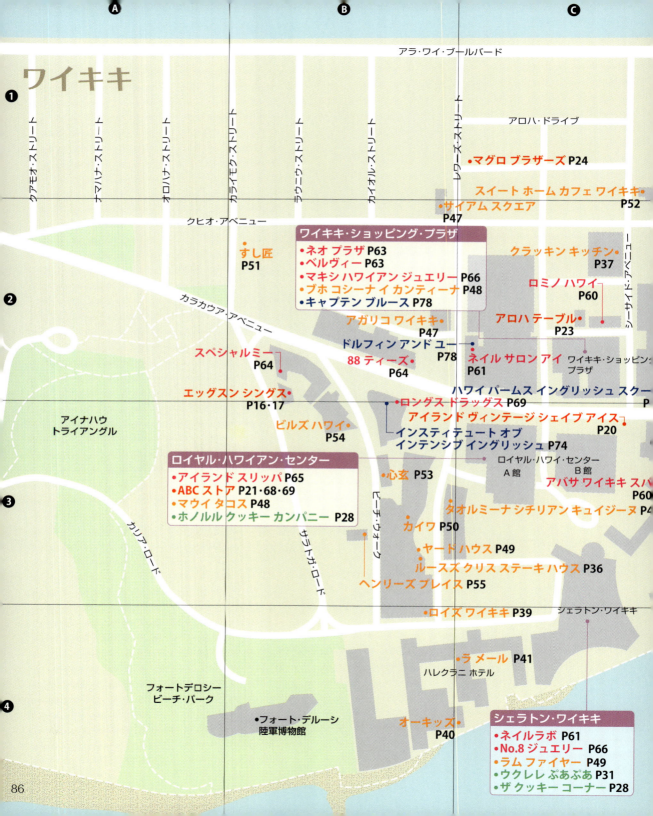

ア行

アイカネ プランテーション コーヒー カンパニー	P29
アイランド ヴィンテージ コーヒー	P18、P29
アイランド ヴィンテージ シェイブアイス	P20
アイランド スリッパ	P65
アガリコ ワイキキ	P47
アグ	P65
アグ ア ラーメン ビストロ	P53
飛鳥鍋+シャブシャブ	P52
アップロール カフェ ホノルル	P51
アバサ ワイキキ スパ	P60
アラン ウォンズ レストラン	P39
アランチーノ アット ザ カハラ	P42
アロハテーブル	P23
一カ	P52
いやす夢	P21
インスティテュート オブ インテンシブ イングリッシュ	P74
ウクレレ ぷあぷあ	P31
ウルフギャング ステーキハウス	P23、P36
エイティーエイティーズ	P64
ABCストア	P21、P68、P69
エッグスン シングス	P16、P17
オーキッズ	P40
黄金の豚	P53
オーシャン ヘア	P62
オノ シーフード	P24

カ行

カイヴァ リッジ トレイル(ラニカイ ピル ボックス)	P77
カイルア ビーチ	P76
カイワ	P50
カカアコ キッチン	P26
活美登利寿司	P51
カフェ カイラ	P16
カフェ ミロ	P41
カポレイ ゴルフ クラブ	P75
カマカ ウクレレ	P31
カメハメハ ベーカリー	P19
キャプテンブルース 天国の海ツアー	P78
キリン レストラン	P44
クア アイナ	P56
クラッキン キッチン	P37

クル クル		P55
グローバル ビレッジ イングリッシュ センターズ		P74
コアロハ ウクレレ		P31
コ オリナ ゴルフ クラブ		P75
コナ ベイ ハワイ		P30
サ行 サーフ アンド シー		P67
サーフ ガレージ		P67
サイアム スクエア		P47
ザ クッキー コーナー		P28
ザ チーズケーキ ファクトリー		P55
ザ ピッグ アンド ザ レディ		P46
ザ・ベランダ		P40
サヌーク		P65
シグ ゼーン デザインズ		P30
シゲズ サイミン スタンド		P25
ジョバンニズ シュリンプ トラック		P22
心玄		P53
スイートホームカフェ ワイキキ		P52
寿司 居酒屋 心		P50
すし匠		P51
スペシャルミー		P64
セフォラ		P63
セブン イレブン		P21
ソーハ リビング		P68
ソーホー ニューヨーク ヘアサロン		P62
ソゴンドン レストラン		P45
夕行 ダイヤモンドヘッド サミット トレイル		P77
タオルミーナ シチリアン キュイジーヌ		P42
タナカ サイミン		P25
チーズバーガー イン パラダイス		P56
チャート ハウス ワイキキ		P37
チョロズ ホームスタイル メキシカン		P48
テックス ドライブイン		P19
テディーズ ビガー バーガー		P56
トゥエンティーフォース アヴェニュー		P66
ドルフィン アンド ユー		P78

INDEX

ナ行

ナイア	P68
ナンバーエイト ジュエリー	P66
ニコス ピア38	P24、P37
ネイル サロン アイ	P61
ネイルラボ	P61
ネオ プラザ	P63
ノイ タイ キュイジーヌ	P47

ハ行

パイオニア サルーン	P26
ハイズ ステーキハウス	P36
ハウ ツリー ラナイ	P17
バク ナム	P46
パタゴニア	P67
ハレ ベトナム	P46
ハワイ パームス イングリッシュ スクール	P74
ピース カフェ	P54
ビッグ アイランド キャンディーズ	P28
ヒナエ サロン	P62
ピュア ネイルズ ハワイ	P61
ビルズ ハワイ	P54
フィフティスリー バイ ザ シー	P38
フジヤマテキサス	P50
フックユエン シーフードレストラン	P44
ブーツ&キモズ ホームスタイル キッチン	P16、P17
フミズ カフク シュリンプ	P22
ブホ コシーナ イ カンティーナ	P48
北京海鮮酒家	P44
ベル ヴィー	P63
ベルニーニ ホノルル	P42
ヘンリーズ プレイス	P55
ホール フーズ マーケット	P69
ボガーツ カフェ	P18
ホクズ	P40
ホノルル クッキー カンパニー	P28
ホノルル コーヒー エクスペリエンス センター	P29

マ行

マイタイ バー	P49
マウイ タコス	P48
マカプウ ポイント ライトハウス トレイル	P77
マキシ ハワイアン ジュエリー	P66

	マグロ ブラザーズ	P24
	抹茶 スタンド 舞妓	P55
	マツモト シェイブアイス	P20
	マリポサ	P38、P39
	丸亀製麺	P53
	マルラニ ハワイ	P66
	ミー バーベキュー	P26、P45
	ミッシェルズ コロニー サーフ	P38、P41
	モーニング グラス コーヒー+カフェ	P54
	モアナ ラニ スパ	P60
ヤ行	ヤード ハウス	P49
	ユッチャン コリアン レストラン	P45
ラ行	ライオン コーヒー	P29
	ラニカイ ジュース	P18
	ラニカイ ビーチ	P76
	ラ メール	P41
	ラム ファイヤー	P49
	リケリケ ドライブイン	P25
	凛花	P50
	ルースズ クリス ステーキハウス	P36
	ルワナ ハワイ	P64
	レイン スプーナー	P30
	レインボー ドライブイン	P23
	レナーズ ベーカリー	P19
	ロイズ ワイキキ	P39
	ロイヤル カイラ	P60
	ロミーズ カフク プローンズ アンド シュリンプ	P22
	ロミノ ハワイ	P60
	ロングス ドラッグス	P69
ワ行	ワイオラ シェイブアイス	P20
	ワイマナロ ビーチ	P76
	ワシン エア	P78

111-HAWAII AWARD公式RANKING BOOK
2018年4月20日初版発行

発行者　大石　剛
発行所　静岡新聞社
〒422-8033　静岡市駿河区登呂3-1-1
TEL.054-284-1666　FAX.054-284-8924

Editors
静岡新聞社編集局出版部

Design
STEPS DeSign 島田雅裕
塚田 雄太

Writing
相馬 佳
清水 貴久子
中川 朋美

Photo
パッカイ・イム
熊谷 晃
宮澤 拓
富川 絢
長塚 弘美

Map
河合 理佳

Printing
三松堂印刷株式会社

©The Shizuoka Shimbun 2018 Printed in Japan
ISBN978-4-7838-2602-6　C0026

●乱丁・落丁本はお取り替えします。
●本書の記事・画像の無断複写・転載を禁じます。